명화로 배우는
세계 경제사

· 경제가 보이는 미술관 투어에 어서 오세요 ·

명화로 배우는 세계 경제사

다나카 야스히로 지음 ✦ 최인영 옮김

Information

용기가 나는 미술관 투어에 오신 여러분을 환영합니다!
저는 미술관 투어 가이드 다나카 야스히로입니다.
지금부터 전시실 일곱 곳을 돌며 미술과 경제 이야기 속으로
여러분을 안내하겠습니다.
투어 중에는 음식도, 술도, 전화 통화도, 노래도, 수다도
뭐든 괜찮습니다.
다만 한 가지, 어렵다고 생각하지 말고 부담 없이 즐길 것!
자, 준비되었다면 시작해볼까요?

GUIDE MAP

ROOM 1
흑사병과 불황을 극복한 이탈리아

ROOM 2
가난을 완강히 거부한 플랑드르

ROOM 3
증오를 금융 파워로 바꾼 네덜란드

ROOM 4
혼란 속에서 브랜드를 만들어낸 프랑스

ROOM 5
반항으로 새로운 시장을 개척한 프랑스

ROOM 6
기술혁신의 불안을 극복한 영국

ROOM 7
금욕과 탐욕에서 이익을 낳은 미국

에필로그

프롤로그

흑사병과 르네상스, 그리고 희망

1347년 가을, 배 한 척이 시칠리아 항구에 도착했습니다. 배에서 내린 선원들의 몸 여기저기에 종기가 생기고 피부가 검붉게 짓물러 있었어요. 숨을 헐떡거리고 입을 열 때마다 기침하며 피를 토했어요. 그들을 간호한 항구 사람들에게도 같은 증상이 나타나기 시작했지요. 그것은 후일 흑사병(페스트)이라 불리게 되는 공포의 병이었습니다.

가까운 베네치아에서는 전염을 우려해 외부에서 오는 배를 40일간 항구에 정박해둔 채 이상이 없다고 판단될 때까지 아무도 배에서 내릴 수 없도록 했습니다. 이 40일을 가리키는 이탈리아어 '콰란티나(quarantina)'가 이후 격리를 뜻하는 영어 '쿼런틴(quarantine)'이 되었지요. 그러나 베네치아의 이런 조치를 비웃기라도 하듯 흑사병은 이탈리아를 뒤덮은 데 이어 유럽 전역으로 퍼져갔습니다. 많은 사람이 죽어 인구가 줄자 도시의 경제활동이 정체되었습니다. 장사를 계속할 수 없게 되자 어쩔 수 없이 집과 가게를 파는 사람들도 늘어났어요.

흑사병이 공기로 퍼진다는 소문이 돌면서 방을 구분하는 대형 태피스트리가 유행했습니다. 목욕하면 모공이 열려 쉽게 병에 걸릴 수 있다고 우려한 사람들이 목욕하지 않게 되고, 목욕을 꺼린 사람들은 향수로 체취를 감추었습니다. 이런 목욕 기피는 이후 유럽의 오랜 관습이 되었지요.

대화만 해도 옮는다, 옮으면 괴로워하다 죽는다, 치료 약이 없다는 말들에 사람들은 얼마나 두려웠을까요? 감염되면 아무도 만나지 못하고 고독하게 혼자 죽음을 기다리는 수밖에 없었습니다. 더욱 절망적인 것은 흑사병 환자를 헌신적으로 돌보던 의사들과 절망에 떠는 환자에게 다가가던 신부들마저 감염된다는 사실이었습니다. 친절한 의사들과 신이 지켜주는 신부들까지 흑사병으로 죽어가는 현실을 목격한 사람들 사이에 교회에 대한 불신이 점점 깊어졌습니다.

그리고 몇 년이 흘러 이 악마 같은 전염병이 겨우 물러갔을 무렵, 이탈리아 곳곳에서 오래된 건물이 헐리고 속속 새 건물이 세워지기 시작했습니다. 그 일을 주도한 사람들은 새로 등장한 패트런(patron, 후원자)들이었습니다. 대표적으로 피렌체에서는 은행업을 운영하는 메디치 가문이 교회와 손잡고 도시

재건을 꾀합니다. 메디치 가문은 새로운 건축물을 장식할 조각과 회화 같은 예술 작품의 제작을 피렌체의 젊은 예술가들에게 의뢰했지요. "자네들의 감성을 맘껏 발휘해보게나!"

작품을 의뢰한 메디치 가문의 기상에 감동한 젊은 예술가들은 그리스·로마 시대의 예술품을 참고하면서 독자적인 건축, 조각, 회화를 창조해갑니다. 이것이 우리가 잘 아는 르네상스입니다. 르네상스는 재생 또는 부활을 의미하는데, 고대 그리스·로마 문화의 부활인 동시에 이탈리아가 흑사병의 폐허로부터 재생하는 것이었지요.

흑사병이 유행한 이후 꽃피운 혁신적인 르네상스 회화에 유럽 예술가들은 경악했습니다. 어떤 이는 모방하고, 어떤 이는 넘어서려고 노력합니다. 이렇게 해서 르네상스부터 우리가 잘 알고 있는 '미술사'의 막이 열립니다.

시칠리아에 공포의 선박이 도착한 이후 흑사병뿐 아니라 온갖 전염병이 반복해서 유럽을 덮쳤습니다. 인구 감소와 경제 위기도 그에 동반해서 반복되었지요. 게다가 기상 악화로 인한 흉작과 기근, 종교 대립, 전쟁, 정치적 혼란 등으로 유럽은 몇 번이고 지옥의 밑바닥으로 떨어졌다가 몇 번이고 다시 일어섰습니다.

이 책에 등장하는 명화들은 당대의 사회상뿐 아니라, 사람들의 고통과 행복 그리고 희망을 담고 있습니다. 사람들은 어떤 시대에 무엇을 기뻐하고 슬퍼했으며, 어떻게 극복해왔을까요. 이제 그림들을 통해 그들의 용기와 재생의 역사를 살펴봅시다. 그것은 오랫동안 화가들이 우리에게 들려준 미래를 향한 희망의 이야기입니다.

ROOM 1

◆◆

흑사병과 불황을 극복한
이탈리아

◆◆

Guide to the Room 1

자, 모두 모여주세요. 드디어 투어를 시작합니다!
맨 처음 둘러볼 이곳에서는 십자군 전쟁부터 르네상스까지
11~15세기 이탈리아 회화를 만날 수 있습니다.
르네상스가 재생과 부활을 의미하는 건 알지만,
무엇이 재생하고 부활했는지 아는 사람은 드물 거예요.
바로 그리스·로마 예술입니다. 그렇다면 예술가들은 왜
그리스·로마 예술을 되살리려 했을까요?
거기에 르네상스의 문을 여는 결정적 열쇠가 있습니다.
이탈리아 회화는 가톨릭교와 함께 발전해왔습니다.
둘의 깊은 관계에 주목하면서 이야기를 들어주세요.
또 르네상스 예술가들의 작품은 이탈리아를 넘어
세계에 큰 영향을 미쳤지요. 그들은 어떻게 그토록 생생하고
멋진 조각과 그림 들을 만들어냈을까요?
그 이면에는 의외의 스토리가 숨어 있답니다.

1

교회의 종교화는 중세의 파워포인트!

중세의 하와이, 시칠리아섬

자, 이탈리아의 역사, 우선 시칠리아에서 시작해봅시다. 르네상스라면 피렌체에서 시작해야 하는 거 아니냐고요? 이탈리아 역사에 정통한 분이시군요! 르네상스의 본고장은 피렌체이지만 그 이야기는 나중에 다루기로 하고 가톨릭의 역사를 먼저 살펴보려 합니다. 조금 돌아가는 길이어도 오히려 더 빨리 역사를 이해할 수 있거든요.

그럼 시칠리아는 어디에 있을까요? 이탈리아 남쪽에 있는 섬이란 것은 다들 잘 알 거예요. 그런데 지중해 전체를 놓고 보면 그 한복판에 자리 잡고 있습니다. 바로 이 위치가 중요합니

다. 시칠리아는 지중해의 중심에 있었기 때문에 유럽, 서아시아, 아프리카 어디든 갈 수 있었어요. 또 기후가 좋아서 농산물이나 과일이 풍부하고 신선한 해산물도 마음껏 먹을 수 있으니, 인기가 없을 수 없었겠지요?

고대부터 시칠리아 주변의 여러 민족은 이 섬을 두고 쟁탈전을 벌였습니다. 저 멀리 추운 발트3국 사람들도 따뜻하고 행복해 보이는 시칠리아를 동경해 찾아오곤 했지요. 그 결과 시칠리아에는 예부터 민족과 종교가 다른 사람들이 정착해 살았어요. 덕분에 다양한 문화와 문명이 섞이고 발전했습니다. '문명의 십자로'였던 셈이지요.

팔레르모에 있는 팔라티나 예배당

정면에 보이는 예수 그리스도의 얼굴 위쪽 좌우에 각각 천사 가브리엘과 마리아를 그려 수태고지 장면을 표현했다.

그것을 보여주는 것이 시칠리아의 주도 팔레르모에 있는 팔라티나 예배당입니다. 노르만 궁전 안에 위치한 왕실 예배당인데, 아찔할 정도로 훌륭하여 찾는 사람마다 마치 천국에 온 것 같다며 감동을 했다고 해요. 예배당 곳곳에는 가톨릭 종교화가 그려져 있는데, 그 주변의 벽과 기둥, 바닥에서 이슬람의 기하학적 무늬를 볼 수 있습니다. 시칠리아가 문명의 십자로였음을 보여주는 증거이지요.

그런 시칠리아의 평화가 무너진 것은 11세기 말 십자군 전쟁이 시작되면서부터입니다. "성지 예루살렘을 탈환하라"는 교황의 명령 아래 가톨릭교도들이 대거 예루살렘으로 몰려들었습니다. 이때 "이거 곤란한데" 하고 머리를 쥐어뜯은 왕이 있었습니다. 바로 신성로마제국 황제이자 시칠리아 국왕 프리드리히 2세(Friedrich II, 1194~1250). 그는 왜 십자군 전쟁을 곤혹스러워했을까요?

가톨릭과 이슬람 사이에서 고민한 시칠리아 국왕

사실 프리드리히 2세는 이슬람과의 우호를 원했습니다. 그는 가톨릭교도였지만 아라비아어를 유창하게 구사할 정도로 이슬람 예술과 문화를 사랑했지요. 그런 사람이 전쟁을 원할 리 없지요. 그런데 자신의 바람과는 달리 그는 십자군 전쟁에서 가톨릭 군대를 이끌게 됩니다.

프리드리히 2세는 어떻게든 전쟁을 피하려고 이슬람 장군에게 아라비아어로 편지를 써 보냅니다. "이 위기를 평화적으로 해결해보지 않겠습니까?" 편지를 받은 이슬람 장군도 놀랐습니다. 적에게 이토록 우호적인 사람이 있다니!

끈질긴 협상 끝에 '예루살렘은 가톨릭에 속하지만, 신전 언덕은 이슬람의 것'이라는 합의점을 찾습니다. 그러나 딸기 케이크를 케이크와 딸기로 나누는 식의 이 해결법은 가톨릭과 이슬람 양쪽으로부터 어중간한 해결이라는 비난을 받습니다. 결국 협상은 실패로 끝났고 가톨릭과 이슬람은 예루살렘을 두고 200여 년간 전쟁을 벌입니다.

좋은 의도로 한 일이 나쁜 결과를 가져올 때가 있지요? 프리드리히 2세의 이슬람에 대한 배려가 바로 그렇습니다. 하지만 평화를 향한 그의 마음은 본인의 의도와 전혀 다른 방향으로 보답을 받았습니다.

십자군 전쟁이 길어지면서 동서 교역로가 열린 것입니다. 유럽에서 동쪽으로 전쟁이 전개되는 과정에서 베네치아를 비롯한 이탈리아 도시들이 동방 무역의 중계 지점으로 번영했고, 그곳들을 통해 동방의 향신료와 술, 직물 등이 유럽으로 전해지면서 유럽인들을 기쁘게 했습니다. 또 오랫동안 동방의 지배하에 있던 그리스·로마 시대 예술품과 다양한 문화가 이탈리아에 들어오면서 이탈리아 예술가들은 설레어 밤잠을 설쳤습니다. 게다가 0을 포함한 아라비아숫자가 유럽에 전해지면서

계산과 수학이 발전하고, 이것은 미술을 비롯해 여러 기술과 과학의 발전에도 크게 기여했습니다.

십자군 전쟁 당시 유럽은 아직 야만의 땅이었는데, 수준 높은 이슬람 문화가 유입되면서 사람들의 생활 수준이 높아지고 문화와 도시 경제가 발전했습니다. 프리드리히 2세의 소원이었던 동서 우호는 단기적으로는 실패했지만 장기적으로는 매우 성공했다고 할 수 있지요.

매혹적인 고딕 양식의 교회

십자군 전쟁은 가톨릭과 이슬람의 동서 갈등을 낳았지만, 뿔뿔이 흩어져 있던 유럽을 가톨릭의 이름 아래 하나로 뭉치게 했습니다. 사이가 틀어졌던 가톨릭 국가들이 대(對)이슬람이라는 깃발 아래 결속했습니다. 적의 적은 아군이라고나 할까요.

11세기 말부터 13세기 후반까지 계속된 십자군 전쟁 이후, 특히 로마와 가까운 유럽 남부에 민족이나 국가를 초월하여 가톨릭 국가들이 들어섭니다. 같은 '가톨릭교 집안'이라 부를 만했지요. 그리고 이곳에 교회가 많이 세워지기 시작했어요.

원래 가톨릭 수도원은 외딴 산속 등지에 있었습니다. 수행자에게는 잡념이 생기지 않게 하는 환경이 더 좋았을 테니까요. 그런데 십자군 전쟁이 끝나고 나서는 교회가 도시에 생기기 시작했습니다. 늘어나는 도시 사람들에게 기도할 장소가 필요했던 것이지요. 이 교회들은 '고딕'이라는 엄숙한 느낌의 양식으로 지어졌습니다. 위로 위로 높이 치솟은 것이 특징이지요. 파리의 노트르담 대성당이 그 대표적인 예입니다.

소수의 성직자가 수행하는 수도원과 달리, 일반인이 많이 찾는 교회에는 사람들이 모일 수 있는 넓은 공간과 사람들의 눈을 즐겁게 할 스테인드글라스가 준비되었습니다. 이런 말을 하면 혼날지도 모르겠지만, 종교도 일종의 비즈니스라 할 수 있지요. 신자들에게 교회에 오고 싶은 마음이 들게 하고, 적극적으로 성금을 내게 하기 위해서 '와!' 할 정도로 호화롭고 거대한 건물을 세우고 아름다운 스테인드글라스로 장식한 것입니다.

하나 더 있어요. 문맹률이 높았던 당시 가톨릭교의 가르침은 성직자의 입을 통해 전해졌습니다. 하지만 말로만 설명하기는 좀처럼 쉽지 않았지요. 더 잘 전달할 수 있는 다른 방법이 없을까 고민하던 성직자들. 지금의 회사원들과 다를 바가 없네요. 여기서 그들은 한 방법을 생각해냅니다. '그림으로 더 잘 설명할 수 있지 않을까?' 말만으로 설명하기 어려운 내용을 그림으로 쉽게 그 뜻이 전해질 때가 있지요? 우리가 파워포인트를 이용해 발표하는 것처럼, 당시 성직자들은 종교화로 교회의 가르침을 전하고자 했던 겁니다. 종교화는 중세의 파워포인트였던 것이지요!

교회는 화가들에게 다양한 종교화를 주문했습니다. 가장

파리 노트르담 대성당

대표적인 고딕 양식의 예다. 2019년 4월, 화재로 첨탑과 지붕의 3분의 2가 붕괴되었다.

많이 그려진 장면은 무엇일까요? 바로《성경》에 나오는 수태고지 장면입니다. 시칠리아의 팔라티나 예배당에도 예수의 얼굴 위쪽 좌우에 각각 천사와 성모 마리아를 그려 수태고지 장면을 나타내고 있어요. '성모 마리아를 방문한 대천사 가브리엘이 그녀에게 회임을 고한다.' 이것이《성경》에 적힌 수태고지의 내용입니다. 놀라울 정도로 간단명료한 서술입니다.

하지만 그렇기 때문에 화가들의 상상력을 북돋을 수 있었습니다. 대천사와 마리아의 모습과 표정을 어디에 어떻게 그릴지, 두 인물의 위치를 어떻게 설정할지 화가들은 상상력을 동원해 그려야 했습니다.

2

다시 일어선
피렌체의 기적

이탈리아의 '3월 24일 결산'

대천사에게 회임을 고지받은 마리아는 9개월 후인 12월 25일에 예수 그리스도를 낳았습니다. 수태고지를 한 '3월 25일'은 가톨릭교에서 특별한 날로 여겨지며, 지금도 많은 나라에서 이 날을 축일로 지정해 기념합니다.

그뿐만이 아닙니다. 이탈리아에서는 놀랍게도 3월 24일에 결산을 합니다. 이 얘기를 처음 들었을 때 '결산을 그런 어중간한 때에?!' 하는 의문이 들었습니다. 흔히 결산일은 월말이나 연말인데, '왜 24일에 결산을?' 하는 생각이 들 수밖에 없죠. 그 이유는 3월 25일에 수태고지를 했기 때문입니다. 그날을 한

해의 시작으로 삼는 것이지요. 그래서 이탈리아의 회계 연도는 3월 25일부터 다음 해 3월 24일까지입니다. 이것만으로도 수태고지가 얼마나 중요한지 알 수 있습니다.

십자군 전쟁 이후 13~14세기에 수태고지 그림이 많이 그려집니다. 중세 고딕 시대에 교회가 많이 세워지면서 그림 주문도 늘었기 때문입니다. 이 무렵부터 수태고지에 그려지는 성모 마리아의 표정에 조금씩 변화가 나타납니다. 그전까지 위엄 있는 표정이었다면 점점 온화하고 인간다운 표정으로 묘사되었지요. 13세기와 14세기에 각각 그려진 〈수태고지〉 두 점을 비교해볼까요.

13세기 초에 그려진 〈수태고지〉는 작자불명입니다. 오늘날 화가는 예술가라 불리지만, 당시에는 그저 직인(기술자)일 뿐 이름을 내걸고 그림을 그리는 존재가 아니었어요. 이 그림에서 마리아는 두 손을 들어 놀라움을 표현하고 있네요. 귀여운 느낌마저 드는걸요.

그로부터 100여 년 후에 그려진 〈두 명의 성자가 있는 수태고지〉는 이탈리아 화가 시모네 마르티니가 그린 고딕 회화를 대표하는 작품이에요. 100년 전의 그림과 달리 장엄하고 화려합니다. 이것이 고딕 회화의 특징입니다. 이 그림에서 마리아는 매우 '인간적인' 표정을 짓고 있습니다. 임신 소식에 기뻐하기보다 내가 왜 임신하게 됐냐는 투의 표정. 여러분, 생각해보세요. 갑자기 천사가 찾아와 '당신은 아이를 잉태했습니다'라

작자불명, 〈수태고지〉
1200~1225년,
메트로폴리탄 미술관 소장

시모네 마르티니, 〈두 명의 성자가 있는 수태고지〉
1333년, 우피치 미술관 소장

고 하면 기쁘거나 놀라기보다 화가 날 것 같지 않나요? 시모네는 여성들이 느낄 법한 감정을 그대로 표현한 겁니다.

황금빛 찬란함을 배경으로 등장인물들의 표정부터 옷까지 매우 입체적으로 표현되어 있습니다. 이 그림에서 보이는 인간성과 입체감은 이후 르네상스 회화로 이어집니다. 르네상스 회화의 특징인 휴머니즘의 재생과 입체적 표현 기술이 이미 고딕 시대부터 그 싹을 틔우고 있었습니다. 그런 의미에서 고딕 회화는 이후 태어날 르네상스 회화의 '수태고지'였다고 할 수 있겠네요!

사람의 이동으로 번진 흑사병과 경제 위기

로마 신화에는 케레스(Ceres)라는 여신이 등장합니다. 수확을 관장하는 대지와 풍요의 여신으로, 곡물이라는 뜻의 영어 '시리얼(Cereal)'이 이 여신의 이름에서 유래했어요. 그런데 고딕 시대에 이 풍요의 여신 케레스를 화나게 했을지 모를 일이 벌어졌습니다. 농촌을 뒤로하고 도시로 향하는 사람이 늘어난 것이었죠.

농사는 일 년 내내 날씨를 걱정해야 합니다. 폭풍이나 냉해 피해를 입거나 폭우로 강이 범람하면 수확이 줄고 생활이 위협받지요. 그래서 하늘만 보며 걱정해야 하는 농사보다 도시로 가서 장사하는 편이 더 안정적이라고 생각하는 사람들이 늘어났어요. 이렇게 도시로 이주하는 사람이 많아지니 더불어 도시에 교회를 많이 세우게 된 것이지요.

도시로 온 사람들이 하는 장사는 다른 지역에서 물건을 사다 파는 일이었습니다. 장사를 하려면 물건이나 사람이 모이는 도시가 당연히 유리했겠지요. 상업 활동이 활발하면 도시가 발전하고, 발전한 도시에는 교회가 들어섰습니다. 국가를 넘어 해외 무역에 손을 뻗는 글로벌 상인도 등장했습니다. 동방으로 향하는 문이 열렸으니 유럽인들이 동경하던 향신료와 비단 등을 들여오느라 얼마나 바빴을까요. 그렇게 토지에 묶여 있던 농민들이 이곳저곳 자유롭게 다니며 장사를 시작하던 그 무렵, 불행의 발소리가 슬며시 다가오고 있었습니다. 하지만 아무도 눈치채지 못했어요.

그 불행은 배를 타고 들이닥쳤습니다. 바로 흑사병이었지요. 교역과 무역이 활발히 이루어지던 시대에 흑사병은 유럽 곳곳으로 퍼져나갔습니다. 아이러니하게도 상인들의 활약이 흑사병을 더욱 확산시켰습니다.

흑사병이 어디서 발생했는지 밝혀지지 않았지만, 중국이 첫 발현지라는 설이 유력합니다. 중국에서부터 조금씩 서쪽으로 이동해 서아시아와 이집트를 거쳐 이탈리아에 상륙, 유럽으로 퍼졌습니다. 이 무시무시한 바이러스는 쥐와 벼룩에서 사람에게로 옮는다고 알려져 있지요. 유럽 흑사병 확산의 큰 원인은 상인들의 이동이었습니다. 짐 속에 숨어 있던 쥐와 벼룩 그리고 인간의 이동이 바이러스를 유럽 각지로 퍼트렸습니다.

흑사병으로 수많은 사람이 죽었습니다. 도시 대부분에서 인구의 30%, 많게는 50~70%가 사망했다고 합니다. 당시 집안일을 주로 하던 여성들보다 외부에서 경제활동을 많이 하는 남성들, 특히 여러 지역을 이동하던 상인들이 쉽게 감염되었습니다. 가장을 잃은 가정은 수입원이 사라졌고, 규모가 큰 교역을 하던 상인일수록 자금 조달의 위기를 겪습니다. 또 감염을 두려워한 사람들이 집 밖을 나가지 않게 되자 장사 매출도 전체적으로 급격히 떨어집니다. 더욱이 많은 사람이 죽어 인구까지 줄었으니, 더는 이전과 같은 매출을 바랄 수 없게 되었지요. 벼랑 끝으로 내몰린 사람들의 탄식이 유럽을 뒤덮었습니다.

흑사병과 경제 위기에서 부활한 피렌체

역사에서는 급격한 세계화의 움직임 뒤에 불행이 따라오곤 합니다. 여러 차례 유럽을 강타한 역병은 항상 인간의 세계적 이동 뒤에 존재했습니다. 이익을 늘리려는 교역, 영토 확장을 위한 전쟁과 식민지화, 궤도에 오른 세계화의 확산은 어떤 사태가 발생함으로써 제동이 걸렸습니다. 그러고 보니 21세기 금융의 글로벌화가 급격히 진행되던 때에는 리먼 브라더스 사태가 터졌었군요. 그것은 어쩌면 대지와 풍요의 여신 케레스의 분노인지도 모르겠습니다. 욕심을 버리고 땅에 발붙이고 살라는 여신의 꾸지람이 들리는 것 같습니다.

중세 사람들은 기도하는 것 말고는 달리 방법이 없었습니다. 그들은 오직 기도하며 흑사병의 공포가 사라지기만을 기다렸습니다. 시간이 흐르면서 감염의 공포는 조금씩 가라앉았지만, 경제 혼란은 계속되었습니다. 인구 감소로 일손이 부족해졌고 상업 전반에서 인건비가 치솟았습니다. 한편으로 세 드는 사람이 없으니 가겟세와 집세가 계속 떨어져 주인들은 어쩔 수 없이 부동산을 처분해야 했지요. 흑사병은 도시의 모습은 그대로 둔 채, 그 속에 살고 있던 인간의 모습만을 지워버렸습니다. 이탈리아에서 흑사병의 타격을 가장 크게 받은 도시는 피렌체였습니다.

사실 흑사병이 유행하기 직전, 피렌체를 뒤흔든 사건이 하나 있었습니다. 은행업자인 바르디 가문과 페루치 가문이 도산한 것입니다. 14세기 중반 잉글랜드 왕국과 프랑스 왕국 사이에 벌어진 백년전쟁 때 두 가문이 잉글랜드 왕 에드워드 3세에게 거액을 빌려주었는데, 그만 떼이고 말았습니다. 두 가문의 파산 직후 흑사병이 피렌체를 덮쳤습니다. 경제 위기에 역병까지 더해져 피렌체는 대혼란에 빠집니다. 경제적 곤경으로 도시를 떠나는 사람들과 역병으로 죽어나가는 사람들……. 피렌체의 인구는 10만 명에서 3만 명으로 줄어듭니다.

하지만 피렌체 사람들은 절망하지 않고 다시 일어섰습니다. 그저 원래대로 돌아가는 것이 아니라, 시련을 통해 위기를 맞기 전보다 강해지려 했습니다. 피렌체의 기적적인 부활의 일등 공신은 도시의 상인들과 이들이 후원한 젊은 예술가들이었습니다. 그들은 흑사병과 경제 위기에서 피렌체를 살려낸 구원투수였습니다.

3

PDCA를 싫어하는 느림보가 이룬 위업

정보력으로 성공한 신흥 세력 메디치 가문

흑사병이 지나간 후, 상인들은 상업을 다시 일으킬 궁리를 합니다. 달라진 상황에서 옛 방식을 고수하려는 기성세력은 힘을 잃었고, 이들을 대신할 새로운 세력이 등장합니다. 역병의 유행으로 단번에 사업 재편이 이루어진 것입니다.

피렌체의 대표적인 신흥 세력은 메디치 가문이었습니다. '메디치(Medici)'라는 이름 때문에 약재상에서 시작했다고 추측하기도 하는 이 가문은 직물 제조와 판매업 등을 하다가 흑사병 이후 은행업으로 사업을 확장합니다.

옛 은행업자들이 왕실과의 교류에 치중했던 반면, 메디치 가문은 그에 의존하지 않고 정보 수집과 분석 능력으로 승부수를 두었습니다. 유럽 각지에 은행 지점을 설립하고 각 지역의 정보를 수집하고 분석해, 이를 기초로 수수료와 매매로 돈을 벌었지요. 또 부기(簿記)를 도입하고 분권화된 조직 관리를 통해 유럽 최고의 은행으로 떠올랐습니다.

피렌체의 비즈니스에서 정치에 이르기까지 실권을 거머쥔 메디치 가문은 로마 교황에게도 조심스럽게 접근했습니다. 교황의 원성을 사지 않으면서도 사업상 이익을 위해 교황과 관계 맺기를 원했지요. 교황 역시 메디치 가문과 관계를 맺어야 할 이유가 있었습니다. 그것은 바로 교회의 실추된 권위를 회복하는 것이었지요.

흑사병은 교회에도 큰 재앙이었습니다. 병에 걸려 절망하는 환자들에 매달렸던 신부들도 흑사병에 걸려 목숨을 잃었기 때문입니다. 신에게 보호받아야 할 신부들이 잇달아 죽어가는 현실, 신과 교회에 아무리 구원을 청하고 기도해도 목숨을 구할 수 없는 현실에 사람들이 믿음을 잃어갔다는 사실은 어렵지 않게 상상할 수 있습니다.

흑사병이 물러간 후 교회는 어떻게 해서든 사람들의 신앙심을 되찾아야 했습니다. 그리하여 피렌체에서는 로마 교회와 메디치 가문이 손잡고 교회를 개·증축하거나 장식할 조각, 회화 제작에 힘쓰기 시작합니다. 우리가 잘 알고 있는 보티첼리와 다빈치, 미켈란젤로, 라파엘로 등 피렌체의 예술가들이 그 작업을 맡았지요. 그들은 옛 그리스·로마 시대의 예술을 본보기로 삼으면서 자신들만의 독창성을 발휘했습니다.

이렇게 재정적 뒷받침을 한 메디치 가문 같은 상인과 권위 회복을 꾀한 교회, 혁신적인 창작을 시도한 예술가들, 이 삼위일체가 이탈리아 르네상스의 꽃을 피운 것입니다.

느림보 다빈치, 고향에서 도망치다

요즘 '리커런트(recurrent, 회귀)'라는 말을 종종 듣습니다. 리커런트 교육은 성인들이 '다시' 학교로 돌아가 배우는 평생 교육을 의미하지요. 그런데 흑사병 이후 피렌체에서도 리커런트가 유행했다는 사실! 다만 지금과는 내용이 조금 달라서, 그들이 지향했던 것은 그 옛날 좋았던 그리스·로마 시대로 돌아가는 것이었습니다.

'교회에 억압되어 앞이 보이지 않는 막막하고 답답한 사회, 게다가 흑사병에 두려워하고 가난에 떨며 살아야 하는 우리, 이래서는 무엇을 위해 살아가는지 모르겠다. 지금에 비하면 그리스·로마 시대 사람들은 얼마나 "인간답게" 살았던가! 우리도 그때로 돌아가자!'

이것이 바로 르네상스 정신입니다. 시대의 중압에 짓눌려 살던 사람들이 불꽃처럼 일어난 것입니다. 때로 중압은 사람을 성장시키고 새로운 문화를 만들어내는 힘이 되기도 하지요.

자, 드디어 르네상스 시대의 수태고지를 만나볼 차례입니다. 르네상스 화가 중에서는 물론 미술계에서 가장 유명한 레오나르도 다빈치(Leonardo da Vinci, 1452~1519)가 20대 초반에 그린 〈수태고지〉입니다. 다빈치 만년의 걸작 〈모나리자〉가 프랑스의 루브르 미술관에 있는 지금, 이 〈수태고지〉는 이탈리아의 보물이라고 할 수 있습니다. 이 그림은 세계적으로 유명한 피렌체의 우피치 미술관에 있는데, 지진에 대비한 면진 설계에 따른 벽과 방탄유리에 둘러싸여 엄중한 보호를 받고 있지요.

천사 가브리엘과 마리아의 모습이 매우 입체적일 뿐 아니라, 먼 산을 흐릿하게 그려 거리감을 표현했습니다. 고딕 시기의 입체감이 원근법이라는 기술로 발전한 것입니다. 원래 3차원으로 존재하는 세상을 2차원적 회화로 표현하는 것은 무리입니다. 평면 회화를 입체적으로 표현하려면 우리의 눈이 착각하도록 거짓을 그려 넣어야 하죠. 그것이 바로 원근법입니다.

그렇다면 르네상스 시대 화가들은 왜 그렇게 3차원적 기법을 고집했을까요? 그것은 우리가 실제로 보고 있는 3차원 세계를 그대로 표현하는 원근법에는 인간 중심의 자세가 있기 때문입니다.

그런데 어딜 가나 천재 소리를 듣는 다빈치이지만 다른 화가들보다 훨씬 인간적인 면모가 있었으니, 손이 너무 느렸습니다!

어느 시대나 약속을 지키지 않는 사람은 신뢰받지 못했지

레오나르도 다빈치, 〈수태고지〉
1472년경, 우피치 미술관 소장

만, 다빈치가 피렌체에 살았던 당시는 특히 '계약'이 중요한 시대였습니다. 무엇보다도 부기를 만들어낸 메디치 가문이 권세를 누리던 지역이었으니 더 그러지 않았겠어요? 상인들은 장부를 세세히 적고 결정 사항들은 모두 계약서로 남겼으며, 정부는 가문이나 개인의 재산을 집요하게 조사해 기록했지요.

그렇게 기록과 계약을 중시하던 피렌체에서 태어난 것 자체가 다빈치에게는 불행이었던 것 같아요. 그는 의뢰받은 그림을 약속한 날까지 완성하지 못하는 일이 많았습니다. 계약금까지 받고는 바람을 맞히기도 했고요. "사람이 그래서 되겠나!" 당연히 사람들은 다빈치를 험담했겠지요? 그게 듣기 싫었는지 그는 30세에 피렌체를 떠나 밀라노로 갑니다. 하지만 밀라노로 갔다고 해서 하루 아침에 습관이 바뀌었을 리 만무하죠. 그곳에서도 느림보다운 면모를 유감없이 발휘합니다.

르네상스를 꽃피운 경쟁심

고집 센 천재 화가 다빈치는 손이 느렸을 뿐 아니라 작품을 완성하지 못하는 일도 자주 있었기 때문에 완성작이 많지 않습니다. 정말 드물게 '완성'까지 도달한 작품이 〈최후의 만찬〉입니다. 〈최후의 만찬〉에는 상당한 수준의 원근법이 사용되었습니다. 이 그림을 그리기 위해서는 수학 지식이 필요했는데, 다빈치는 당시 밀라노에 와 있던 수학자 루카 파치올리(Luca Pacioli,

1445?~1510?)에게 개인 교습을 받았습니다.

이 그림에서 또 하나 주목해야 할 것이 색입니다. 지금의 우리는 마우스를 클릭하는 것만으로도 색칠을 할 수 있지만, 중세 화가들은 직접 물감을 만들어야 했어요. 다빈치는 채색하는 방법에서도 새로운 도전을 했습니다. 그때까지 벽화는 프레스코 기법으로 그려졌습니다. 이탈리아어 프레스코(frésco)는 신선하다는 의미로, 벽에 회반죽을 발라 마르기 전에 색을 입히는 방식입니다. 당연히 손놀림이 빨라야 했겠지요. 일단 완성되면 수정할 수 없었기 때문에 정확성도 중요했고요. 그래서 프레스코화를 그리려면 사전에 구체적인 계획을 세워 그에 따라 정확하고 빠르게 진행하는 PDCA(Plan계획-Do실행-Check점검-Action조정) 작업이 필요했습니다.

하지만 다빈치는 이 PDCA 작업을 정말 싫어했어요. 그는 차분히 시간을 들이고 도중에 수정도 할 수 있는 템페라 기법으로 벽화를 그렸습니다. 그 덕분에 색을 선명하게 표현할 수 있었지요.

앞서 소개한 수태고지도 그러하지만, 많은 화가가 최후의 만찬을 주제로 종교화를 그렸습니다. 그만큼 흔한 주제였기에 다빈치는 자신만의 특징을 표현하고자 원근법과 색채에 대해 연구했던 것이지요.

르네상스 시대에 다빈치를 비롯한 많은 유명 화가가 비슷한 시기에 모여 나타났습니다. 이것을 우연이라고 생각하는 경향

레오나르도 다빈치, 〈최후의 만찬〉
1495~1498년, 산타마리아 델레 그라치에 성당

이 있지만, 저는 그렇게 생각하지 않아요. 르네상스 시대에 다수의 천재 화가가 나온 것은 필연의 결과이지요. 다빈치만 해도 선배 화가나 경쟁자 들이 두각을 나타내는 것을 지켜보고만 있을 수는 없었을 거예요. 두고 보자면서 눈에 불을 켜지 않았을까요? 또 손이 느리다는 둥 약속을 지키지 않는다는 둥 욕먹었던 굴욕을 절대 잊지 못했을 겁니다. 그런 모든 분노의 에너지를 앞으로 나아가는 힘으로 바꾸었기 때문에 다른 화가들과는 다른 독자적인 기법으로 성공할 수 있었을 겁니다.

라파엘로나 미켈란젤로 같은 다른 경쟁자들도 마찬가지였을 거예요. "저놈에게만은 절대 지지 않겠다!" 이런 경쟁심은 집단 전체의 기술을 향상합니다. 경쟁의 선순환이 르네상스 예술의 수준을 높인 것이 틀림없어요.

비슷한 경쟁은 후원자들 사이에도 있었습니다. 메디치를 비롯한 상인 가문들은 경쟁적으로 예술가들을 지원했어요. "그놈이 저 성당을 지었다고? 그렇다면 더 대단한 걸 지어주겠어!" 후원자들의 승부욕 덕분에 예술가들에게 산더미처럼 일이 몰려들었지요.

즉 피렌체의 르네상스는 예술가와 상인 들의 승부욕에서 꽃을 피웠다는 것입니다. 이 승부욕은 시대와 장소가 아무리 바뀌어도 끝없이 반복됩니다.

이탈리아 회화를 둘러보는 투어, 어떠셨나요?

고딕에서 르네상스로, 이탈리아 회화의 역사는 가톨릭교와 함께한 종교화의 역사이기도 합니다. 그리고 르네상스는 그리스·로마 예술의 재생이자 흑사병으로부터의 부활이기도 했지요. 불행이 닥쳐도 좌절하고만 있을 수 없어요. 다시 일어서야죠!

다음 전시실은 이탈리아에서 멀리 떨어진 북쪽 플랑드르 지방이 무대입니다. 이 지역에서는 '북방 르네상스'라고 불리는 움직임이 일어나고 있었지요. 그건 도대체 무엇이고, 이탈리아에서 먼 북쪽에서 어떻게 르네상스가 일어났을까요?

ROOM

2

가난을 완강히 거부한
플랑드르

Guide to the Room 2

자자, 두 번째로 둘러볼 곳은 플랑드르입니다.
아마 '플랑드르가 어디야?' 하는 사람이 많을 거예요.
〈플랜더스의 개〉는 모두 알지요? '플랜더스(Flanders)'는
'플랑드르(Flandre)'의 영어식 표현이에요. 오늘날의
네덜란드, 벨기에, 프랑스 북부 일대로, 흔히 저지대 국가라
말하는 나라들이 포함됩니다. 플랑드르에는 안트베르펜과
암스테르담을 비롯한 여러 항구 도시가 있어요.
이 항구 도시들의 역사를 따라가면서 그림을 살펴볼 거예요.
플랑드르에서는 '북방 르네상스'라고 하는 움직임이 일어납니다.
이탈리아와 알프스산맥으로 가로막힌 유럽 북쪽에서도
르네상스가 일어났다니 이상하지 않나요? 하지만
이탈리아와 플랑드르는 바닷길로 연결되어 있었다는 사실!
그 바닷길을 통해 그림을 비롯한 여러 물자가 오갔지요.
이번 투어에서는 뛰어난 창의성으로 르네상스의
본고장 이탈리아에 영향을 미쳤을 뿐 아니라,
회화의 표준 형식도 크게 바꾼 플랑드르 화가들이
등장합니다. 척박한 환경에서 살아가던
플랑드르 사람들,
'절대 기죽지 않는' 그들의
이야기를 전해드리지요.

1

해운업의 발전과 또 하나의 르네상스

유럽의 남북을 잇는 육로의 중심, 랭스

여러분은 샴페인을 좋아하시나요? 저는 샴페인을 무척 좋아해서 항상 혼자 마신답니다. 네? 처량하다고요?! 상관 마세요!

본론으로 돌아와서, 이 '샴페인'은 프랑스 샹파뉴 지방에서 생산된 스파클링 와인을 말합니다. 샹파뉴 지방에서 만들어진 것만 '샴페인'이라고 부를 수 있답니다. 완고하게 샴페인이라는 이름을 브랜드로 지키고 있지요. 그 샹파뉴 지방에 랭스(Reims)라는 도시가 있습니다. 플랑드르의 이야기는 랭스에서 출발해보죠. 또 돌아가냐고요? 앞으로도 자주 돌아갈 테니 익숙해지시길!

랭스에는 샴페인 양조장(와이너리)이 아주 많아요. 그중 하나가 뵈브 클리코(Veuve Clicquot). 라벨을 보면 '아, 이 샴페인~' 하는 사람이 많을 정도로 유명한 샴페인입니다. '뵈브'는 과부라는 뜻입니다. 1805년 클리코 부인은 양조장을 경영하던 남편을 잃고, 당시 여성답지 않게 남편의 사업을 이어받았습니다. 그리고 판매한 술이 뵈브 클리코였지요.

사업은 고난의 연속이었어요. 가뜩이나 샴페인 제조도 어려운데 랭스는 수많은 전쟁에 휘말렸고, 그때마다 양조장이 피해를 입었습니다. 저장고에 감춰둔 소중한 샴페인을 병사들이 다 마셔버리기도 했지요. 이런 비극이……. 그런데 한 병사가 클리코 부인의 샴페인 맛에 반해 입소문을 냈고, 이후 뵈브 클리코는 엄청난 인기를 얻게 되었습니다. 정말 넘어져도 어떻게 넘어질지 모르는 일이죠?

여기서 눈여겨볼 점은 샴페인이 아니라 랭스가 왜 몇 번이나 전쟁터가 되었냐는 점입니다. 그것은 랭스가 유럽의 남북을 잇는 육로의 중간 지점이었기 때문입니다. 그러니 곳곳에서 공격을 받을 수밖에 없었지요. 앞서 시칠리아가 지중해의 요충지였다면, 랭스는 유럽 대륙의 요충지였습니다.

샴페인이 만들어지기 훨씬 전부터 랭스에는 남북의 수많은 상인이 각지의 특산물을 가지고 모여들었습니다. 샹파뉴에서 정기적으로 열리는 큰 시장에 가기 위해서였지요. 이 시장에서 남쪽 이탈리아에서 온 상인들은 북쪽 상인들에게 향신료와 공예품, 와인 등을 팔았고, 북쪽 상인들은 남쪽 상인들에게 모직물을 팔았습니다. 이 글로벌한 시장에서 거래하는 상인들을 위해 어음, 환전, 외환 거래 등이 도입되었습니다. 서로 다른 통화와 현금 결제 방식으로 인한 불편을 해소하기 위함이었죠. 여기에서 편리성을 추구하는 금융 거래의 뿌리를 살펴볼 수 있습니다.

유럽에서도 최대급이었던 샹파뉴 시장이 번성하기 시작한 것은 12~13세기, 즉 고딕 시대입니다. 랭스의 중심부에는 이 시기에 지어진 고딕 양식의 정수를 보여주는 노트르담 대성당이 있습니다. 제1차 세계대전 때 독일군의 폭격으로 스테인드글라스가 깨져버렸지만, 나중에 마르크 샤갈(Marc Chagall,

랭스 노트르담 대성당 내부의 스테인드글라스

1887~1985)이 스테인드글라스를 만들어 교체했답니다. 이 또한 꼭 한번은 봐야 할 아름다운 작품이지요!

바닷길이 육로를 대신하게 된 까닭

랭스 노트르담 대성당이 지어졌을 때부터 남북의 상인들로 번성했던 샹파뉴 시장은 14세기가 되면서 활기를 잃어버립니다. 흑사병 탓도 있지만, 그보다는 시장을 찾는 상인들이 줄었어요. 그즈음 육로보다 해로를 통한 교역이 늘어났기 때문이지요.

이탈리아에서 바닷길을 통해 북쪽 도시로 가려면 지중해를 지나 대서양으로 크게 돌아가야 합니다. 그에 비해 랭스를 통해 가는 육로는 직선 단거리였지요. 그럼에도 상인들이 바닷길을 선호했던 까닭은 무엇일까요? 크고 무거운 물건을 나르기에 배가 더 적합했기 때문입니다. 당시 육로는 지금처럼 잘 닦인 평탄한 길이 아니었습니다. 사람의 힘만으로 무거운 짐을 운반할 수 없었지요. 물론 말이나 당나귀가 끄는 마차는 있었지만 비용이 많이 들었습니다. 또 육지를 가르는 강에는 다리가 없어서 강폭이 좁고 얕은 곳을 찾아 건너거나 나룻배를 이용해야 했고, 남북을 가로막고 있는 알프스산맥을 넘는 일 또한…… 더는 말이 필요 없겠지요?

반면 배는 무거운 짐을 많이 실어 나를 수 있었습니다. 마침

항해술도 발달했던 터라 바람을 잘 이용하면 시간도 그리 오래 걸리지 않았습니다. 풍력이라는 자연의 힘을 빌린 배의 활약으로 해상 교역이 활발해진 것이지요.

배에 짐을 실어 북유럽 항구 도시에 도착한 남쪽 상인들은 물건을 판 후 새로 구입한 물건들로 배를 가득 채워 돌아왔습니다. 상인들의 왕래로 더욱 다양한 상품이 유통되었습니다. 그중에는 대형 그림들도 있었어요. 이렇게 예술품이 배에 실려 오가며 남북의 문화 교류가 시작된 것입니다. 그리고 곧 이탈리아에서 멀리 떨어진 플랑드르에서도 르네상스가 탄생합니다.

북방 르네상스 발전의 열쇠는 의외의 발명

여기서 북방 르네상스를 대표하는 화가, 브뤼헤 출신의 얀 반 에이크(Jan van Eyck, 1390?~1441)를 소개합니다. 그는 다빈치보다 조금 일찍 태어났어요. 다빈치 같은 이탈리아 화가들의 생몰년은 대체로 분명하지만, 얀 반 에이크를 포함한 북유럽 화가들은 그렇지 않아요. 여기서 남쪽과 북쪽의 기록 문화의 차이를 볼 수 있습니다.

피렌체에는 돈에 민감한 메디치 가문의 후원도 있었지만, '카타스토'라는 자산에 따른 누진세 제도가 있었습니다. 매우 복잡한 세금 제도였는데, 세금을 매기려면 각 세대의 가족 구성과 자산을 파악해야 했습니다. 피렌체에서는 그런 사항들을 조사해서 장부에 기록했습니다. 이 세금의 이름은 원래 '산적(山積)하다'라는 의미의 '카타스타레'에서 비롯되었어요. 아마도 피렌체의 관공서에는 시민들의 자산 기록이 '산적해' 있었기 때문이 아닐까요?

이렇게 상세한 기록을 남기는 문화는 피렌체뿐 아니라 다른 이탈리아 도시의 특징이기도 합니다. 오늘날의 쾌활하고 털털한 이탈리아인의 이미지와 달리 중세 이탈리아인은 매우 세심했던 것 같네요. 그런 이탈리아인들에 비하면 북쪽 플랑드르 사람들은 대충이었던 듯하지만, 그림에 있어서만은 그렇지 않았습니다.

그림을 그릴 때는 무척 세심했지요. 얀 반 에이크의 〈수태고

얀 반 에이크, 〈수태고지〉

1434~1436년경,

워싱턴 국립미술관 소장

지〉를 볼까요. 뭐가 그리 대단한가 하면, 표현의 세밀함입니다!

얀 반 에이크는 오늘날 플랑드르 지방에서 매우 인기 있는 화가입니다. 이탈리아 회화에까지 영향을 준 그는 그야말로 '우리 지역의 자랑'이 되었지요. 그런데 그는 어떻게 섬세한 그림을 그릴 수 있었을까요? 거기에는 신기술의 발명이 있었습니다. 여기 보이는 작은 알갱이는 아마씨입니다. 지금도 아토피에 효과가 있다고 해서 인기가 있는데, 피부를 매끈매끈하게 해줄 뿐만 아니라 회화의 역사를 바꾼 대단한 씨앗이에요.

원래 아마는 8,000여 년 전 메소포타미아 지역에서 탄생해, 이윽고 유럽으로 전해졌습니다. 씨앗을 갈아 으깨 만드는 아마씨유는 오래전부터 식용으로 사용했어요. 플랑드르 화가들은 이 식용 아마씨유를 보고 '이걸로 새 물감을 만들 수 있을지도?' 하고 생각했습니다. 어느 곳이든 조금 다른 생각을 하는 사람들이 있잖아요!

그들은 아마씨유에 안료를 배합해 물감을 만들었습니다. 그 끈적끈적한 물감에서 탄생한 것이 바로 유화입니다. 유화의 발명으로 덧칠이나 그러데이션 표현이 가능해졌고, 얀 반 에이크를 비롯한 플랑드르 화가들은 섬세하고 수준 높은 묘사 능력을 손에 쥐게 된 것입니다.

유화는 남쪽의 이탈리아 화가들에게도 전해졌습니다. 다빈치 등 많은 화가가 유화를 그리기 시작했지요. 북쪽에서 발명된 유화 기법이 남쪽으로 전해지면서 회화의 역사를 바꾸어놓았습니다. 모든 것이 그렇겠지만, 불편함은 창조를 낳는 토양입니다. '왜 내 맘대로 그려지지 않는 거야!' 하는 화가들의 욕구 불만이 유화를 탄생시켰지요.

북쪽의 화가들이 발명한 유화가 남쪽의 천재 화가들에게 전해졌기 때문에 이탈리아 르네상스의 명화들이 탄생했고, 반대로 이탈리아 화가들의 멋진 그림을 보고 자극받은 플랑드르 화가들은 그것을 넘어서겠다는 생각에 사로잡혔겠지요. 남과 북의 화가들은 직접 교류하지 않았지만, 그림을 통해 간접적으로 자극을 주고받았습니다. 언제 어디서나 누구와도 바로 연결되는 21세기를 사는 우리지만, 왠지 모르게 부러워지는 관계입니다.

2

남북의 연합으로 탄생한 그림과 책

그림과 결산서는 읽는 법부터 배우자

지금은 그림 이야기를 하고 있지만, 원래 회계사인 저는 여러 곳에서 결산서 읽는 법 강의를 해왔습니다. 그림과 결산서 이야기를 하며 깨달은 것이 있는데, 둘 다 그리는 법, 만드는 법부터 배우면 질려버릴 가능성이 크다는 사실이지요. 그림으로 따지면 사생, 결산서로 따지면 부기……. 이런 공부부터 시작하면 초보자들은 당연히 울렁증이 생길 겁니다. 하지만 즐기는 마음으로 그것들이 말하려 하는 바를 쏙쏙 찾아본다면 분명 그림도 결산서도 좋아질 거예요!

그럼 얀 반 에이크가 그린 〈아르놀피니 부부의 초상〉은 어떨

얀 반 에이크, 〈아르놀피니 부부의 초상〉
1434년, 런던 내셔널갤러리 소장

게 읽어야 할까요? 앞서 본 〈수태고지〉처럼 굉장히 섬세하게 그렸네요. 금속제 샹들리에의 광택 같은 표현은 이전 시대 그림들에서는 볼 수 없었어요.

그림 속의 남편 아르놀피니 씨는 플랑드르 지방에 살던 이탈리아 출신의 상인이었어요. 그림 왼쪽에 오렌지가 작게 그려져 있지요? 그냥 아무렇지 않게 놓여 있지만, 아르놀피니 씨가 이탈리아인임을 보여주는 소재입니다. 오렌지는 북쪽에서 쉽게 구할 수 없는 과일로, 아마 그가 남쪽에서 수입해온 건지도 모르겠네요.

그림 중앙에 걸린 거울도 볼까요? 자세히 들여다보면 거울 속에 사람이 그려져 있습니다. 바로 얀 반 에이크 자신이지요. 두 사람의 결혼에 입회인으로서 참석한 자신의 모습을 거울 속에 그려 넣은 것입니다. 그리고 거울 위에 '얀 반 에이크가 여기 있었다'라고 적었습니다. 소극적인 건지 대담한 건지!

당시 상인들은 오렌지 같은 과일이나 샹들리에, 볼록 거울 등 고가의 이탈리아 공예품을 배를 이용해 플랑드르 지방으로 들여왔어요. 세밀한 그림을 그리기 위해서는 확대경처럼 확대해 볼 수 있는 안경도 필요했겠지요? 당시 베네치아에서 안경을 만들었기 때문에 아마 플랑드르의 화가들은 베네치아산 안경을 사용하지 않았을까 싶네요. 이건 제 상상이지만요.

또 하나 주목해서 볼 것은 빛입니다. 〈수태고지〉도 〈아르놀피니 부부의 초상〉도 왼쪽 창문에서 실내로 빛이 들어오고 있어요. 이 구도를 보니 떠오르는 화가가 있지 않나요? 그렇죠, 〈진주 귀걸이를 한 소녀〉로 유명한 네덜란드 화가 얀 페르메이르(Jan Vermeer, 1632~1675)! 페르메이르의 그림에서도 이런 구도를 볼 수 있는데, 대선배인 얀 반 에이크의 회화에 영향을 받았던 게 아닐까요?

멀리 떨어진 남북의 만남

북쪽 플랑드르에서 남쪽 이탈리아로 유화가 전해졌다면, 반대로 남쪽에서 북쪽으로 전해진 것은 캔버스입니다. 얀 반 에이크가 활약하고 있을 무렵, 유럽의 남북을 오간 배는 돛을 단 범선이었어요. 베네치아의 어느 화가가 이를 보고 배의 돛, 즉 천에 그림을 그려보자고 생각했습니다. 그때까지는 목판에 그림을 그리는 경우가 많았는데, 습도가 높은 베네치아에서는 목판이 뒤틀리고 갈라지는 일이 잦아서 목판 위에 천을 붙여 그림을 그리게 된 것입니다.

조선업이 성행하던 베네치아에서는 돛을 만드는 천을 쉽게 구할 수 있었습니다. 천은 목판처럼 그림이 상하지 않았고, 둥글게 말아 쉽게 휴대할 수도 있었지요. 이렇게 베네치아에서 사용되기 시작한 캔버스는 북쪽 화가들에게도 전해졌고, 그곳에서도 캔버스가 목판을 대체해갑니다. 북쪽에서 발명한 유화 기법과 남쪽에서 발명한 캔버스의 만남이 바로 그 유명한 '캔버스에 유채(Oil on Canvas)'입니다. 이 형식은 이후 회화계의 '스탠더드(표준)'가 되었습니다.

유화와 캔버스에는 중요한 공통점이 있어요. 만족을 모르는 화가들에 의해 만들어졌다는 것! 기존 물감으로는 제대로 표현할 수 없는 것에 짜증이 난 북쪽 화가들은 직접 유성 물감을 만들었고, 목판의 뒤틀림을 참을 수 없던 남쪽 화가들은 캔버스를 만들어냈지요. 자신들이 처한 상황에 안주하지 않고 더 나은 것을 추구한 그들의 욕망이 혁신을 일으킨 것입니다.

또 그들에게는 자신들의 분야를 넘어선 시야와 호기심이 있었지요. 식용 기름으로 역사를 바꿀 물감을 만들고 배에 달린 천을 멋진 그림으로 바꿔냈습니다. 외부를 끊임없이 관찰하며 의외의 물건들을 자신들의 분야로 가져온 것입니다.

남북 교류가 낳은 베스트셀러

북쪽의 기술과 남쪽의 소재로 완성된 회화계의 스테디셀러 '캔버스에 유채'. 이것은 회화계의 혁명이었습니다. 그런데 비슷한 시기에 북쪽의 기술과 남쪽의 소재가 결합하여 역사를 바꾼 것이 또 있었습니다. 바로 책입니다.

교과서에서는 흔히 독일의 구텐베르크가 발명한 활판 인쇄술로 책이 등장했다고 하지만, 활판 인쇄술만으로는 책을 만들 수 없습니다. 또 하나 중요한 것이 종이입니다. 종이는 이탈리아와 스페인(에스파냐)이 유명했습니다. 이렇게 책도 북쪽의 활판 인쇄술과 남쪽의 종이가 만나 탄생하게 된 것입니다. 북쪽의 기술과 남쪽의 소재, 이거 아주 강력한 조합이네요!

책 이야기가 나왔으니 질문 하나 할게요. 세계 최초의 베스트셀러는? 그렇지요, 성경입니다. 종이로 된 책이 등장하기 전에 성경은 양가죽을 부드럽게 해 만든 양피지로 만들어졌어요. 성경을 한 권 만드는 데 양 수십 마리가 필요했다고 합니다. 게다가 성직자들이 그 내용을 일일이 손으로 베껴 적었습니다. 당연히 돈이 많이 들었겠지요? 이렇게 만들어진 성경은 값비싼 귀중품이었고, 교회와 성직자들은 성경의 내용을 비밀에 부치고 싶어 했기 때문에 일반 사람들은 볼 수 없었어요. 그런데 15세기 중반에 이르면 상황이 변합니다. 활판 인쇄술과 종이로 만들어진 성경이 등장하면서 일반인들도 성경을 읽을 수 있게 되었고, 이로 인해 유럽의 역사, 미술의 역사에도 큰 변화가 나타납니다.

앞에서 유럽이 동방 문화를 동경했다고 한 이야기, 기억나나요? 먹을거리, 옷차림, 예술, 금융 등 모든 것이 유럽보다 중국이나 이슬람권이 훨씬 더 세련되고 수준이 높았어요. 그러나 중세 말부터 역전 현상이 일어났습니다. 그렇게 된 가장 큰 이유는 활판 인쇄술의 발명일 거예요. 특히 유럽권 언어에서 사용한 알파벳은 글자 수가 적고 모양도 단순해 활자로 만들기 쉬웠습니다. 반면 구불구불한 모양이 많은 아랍어는 활자를 만들기 어려웠지요.

이 활자화를 할 수 있느냐 못 하느냐의 차이는 너무나도 컸습니다. 활자화는 정보와 지식을 전하는 책과 직결되니까요. 유럽에서는 이후 항해술, 요리법, 부기법 등 각종 노하우를 담은 책들이 저렴한 가격으로 일반인에게 제공되었습니다. 이를 통해 정보의 우위를 차지한 유럽인들이 마침내 동방 문화를 앞지르게 된 것이지요.

활판 인쇄술과 종이로 만들어진 성경의 등장은 엄청난 사건이었습니다. 유럽의 문맹률을 낮췄을 뿐 아니라 성경의 대중화로 가톨릭교회에 대한 반발이 일어나기 시작했으니까요.

3

브뤼헐의 그림에 감춰진 상인들의 한탄

악마를 두려워하지 않고 새로운 장르를 개척한 화가

어떻게 해서든 이탈리아에 가보고 싶어 한 북쪽의 화가가 있었습니다. 그 이름은 피터르 브뤼헐(Pieter Brueghel, 1525?~1569). 그는 안트베르펜(Antwerpen)에서 수학한 후 회화의 본고장 이탈리아를 방문하는 염원을 이룹니다.

당시 이탈리아로 가는 방법은 육로와 해로 두 가지. 브뤼헐이 이탈리아행을 결심한 16세기 중반에는 이미 편리한 뱃길이 열려 있었지만, 그는 굳이 육로를 선택합니다. 안트베르펜에서 프랑스의 리옹으로 간 다음 알프스를 넘어 이탈리아로 가는 여정이었지요. 오늘날 알프스 하면 상쾌한 산들과 맛있는 천연수를 떠올리지만, 당시 사람들은 알프스에 정령과 악마가 산다고 여겼습니다. 험난한 지형에 악마의 습격을 받을지 모르는 공포의 길, 그래도 젊은 브뤼헐은 호기심과 용기를 가지고 알프스를 넘어갔습니다.

무사히 이탈리아에 도착한 브뤼헐은 로마에서 다시 남쪽의 나폴리로 이동해 여러 명소와 유적을 방문했습니다. 시칠리아까지 갔다 왔을 가능성도 있다고 하네요. 3년여의 이탈리아 여행에서 브뤼헐은 이탈리아의 유적과 예술품을 보며 큰 영향을 받았지요.

그러나 그보다 더 브뤼헐에게 자극을 준 것은 알프스였습니다. 거룩하게 솟은 봉우리와 계곡의 아름다움에 마음을 빼앗긴 그는 자신이 본 알프스의 풍경들을 스케치했습니다. 그것은 현재 판화로 남아 있지요.

실제로 본 적이 없는 산을 두려워하던 사람들에게 알프스의 풍경을 담은 판화는 놀라움 그 자체였습니다. 브뤼헐은 이 판화로 명성이 높아졌을 뿐만 아니라 풍경 화가로 발돋움하는 전환점이 되었습니다. 아직 '회화=종교화'라고 여겨지던 시기에 그는 풍경화라는 새로운 장르를 개척한 선구자가 된 것입니다. 그의 풍경화는 특히 고향인 북쪽의 대지를 위에서 내려다보는 듯한 구도가 특징입니다.

그는 농민들의 일상을 많이 그려서 농민 화가라고 불리기도 합니다. 그림에 등장하는 모든 인물을 신중하게 그렸습니다.

피터르 브뤼헐, 〈알프스산맥의 풍경〉 판화

1555년경, 벨기에 왕립도서관 소장

거기에는 한 사람 한 사람이 모두 주인공이라는 메시지가 담겨 있는 듯합니다. 그는 자신의 고향 땅을 사랑하고 그곳에 사는 사람들을 응원하는 상냥한 마음을 지닌 화가였지요.

남쪽의 승리와 북쪽의 패배

브뤼헐이 이탈리아를 여행한 16세기 중반, 당시 북쪽 화가들은 이탈리아행을 꿈꿨습니다. 예술가들뿐 아니라 일반 사람들도 대부분 남쪽 나라를 동경했지요. 남쪽이 더 풍족했기 때문입니다. 이탈리아와 스페인 같은 남쪽 지방은 충분히 내리쬐는 태양 덕분에 농산물이 잘 자랐고, 지중해를 접하고 있어 해산물을 얻을 수 있었습니다. 자연의 은혜가 흘러넘치는 식사와 맛있는 와인이 있었을 뿐 아니라 일찍이 전해진 동방 문화로 수공업이 발달해 세련된 공예품과 예술품, 면직물 등을 생산하고 있었습니다. 온난한 기후와 동방과 가까운 지리적 이점이 남쪽에 풍요로움을 가져다준 것이지요.

반면 북쪽 사람들은 춥고 흐린 날씨 탓에 몸을 움츠리고 살아야 했습니다. 농작물도 잘 자라지 않고 감귤류 같은 과일은 상상도 할 수 없었지요. 북쪽에서 생산하는 것이라곤 추위를 견딜 수 있는 모직물이나 모피 같은 촌스러운 것들과 추운 지방에서 재배할 수 있는 보리로 만든 맥주였습니다.

지리적 조건의 차이가 큰 유럽의 남과 북은 음식도, 술도,

옷도, 만드는 물건도 매우 달랐습니다. 농업이나 어업이 주요 산업이었던 당시에는 남쪽이 승자, 북쪽이 패자였다고 할 수 있을 것입니다. 서로의 생산품을 거래하는 샹파뉴 시장에서 상대를 부러워한 것은 대개 북쪽 상인들이었습니다. 이런 상황에서는 불리하고 가난한 쪽에 불만이 쌓이기 마련이지요.

브뤼헐은 그 무렵 눈 내린 마을을 배경으로 한 〈베들레헴의 인구조사〉를 그립니다. 실제 베들레헴은 서아시아에 있으므로 눈이 내리지 않습니다. '예수를 낳기 위해 베들레헴으로 떠나는 마리아'라는 《성경》의 유명한 주제를 자신의 고향 브라반트의 겨울 풍경을 무대로 그린 것이지요. 말하자면 종교화와 풍경화를 융합한 것으로, 풍경화 속에 종교적인 주제를 집어넣는 솜씨를 보인 셈입니다.

그림의 왼쪽 술집 혹은 여관처럼 보이는 건물 앞에 사람들이 줄지어 서 있습니다. 술을 마시기 위해서가 아니라 세금을 내기 위해서입니다. 건물 벽에 있는 붉은색 바탕의 합스부르크 문장은 이 지역이 합스부르크 왕가가 지배하는 곳임을 보여줍니다. 스페인에서 북쪽의 땅까지 세금을 걷으러 온 세금 징수원에게 사람들이 인두세를 내고 있습니다. 당시 인두세 납부는 '한 사람당 얼마'를 내는 단순 징세 방식이었어요. 단순한 건 좋지만, 부자도 가난한 사람도 세금을 똑같이 냈지요. 자식이 많을수록 세금도 높아졌으니 인두세는 가난한 사람들에게 가혹한 제도였습니다.

피터르 브뤼헐, 〈베들레헴의 인구조사〉
1566년경, 벨기에 왕립미술관 소장

평소 식량 사정이 좋지 않은 데다가 엄동설한과 심각한 식량 부족에 시달리던 겨울날, 장사는 쉽지 않고 나라에서는 무거운 세금을 지우니 사람들은 견딜 수가 없었습니다. 빈곤과 기근과 무거운 세금……. 이 그림의 앞이 보이지 않는 답답한 분위기와 달리 사람들의 한탄은 거센 분노로 바뀌게 됩니다.

브뤼헐이 그림에 담은 평화의 염원

〈베들레헴의 인구조사〉는 브뤼헐이 만년에 그린 작품입니다. 이때 그의 고향에서는 식량이나 세금 문제보다 더 큰 일이 일어납니다. 가톨릭에 반발하는 신교(프로테스탄트)가 등장했지요. 가톨릭교회가 자금을 마련하기 위해 사람들에게 면죄부를 팔자 '그건 아니지!' 하면서 교회를 비판한 독일의 마르틴 루터. 여기에 스위스의 츠빙글리와 프랑스의 장 칼뱅 등이 가세하면서 가톨릭에 대한 항거(프로테스트)는 큰 파도가 되어 신교를 탄생시킵니다.

신교도는 신을 부정한 것이 아니라 하나님의 이름으로 돈벌이에 앞장선 가톨릭교회에 항거한 것입니다. 신교는 유럽 북부를 중심으로 서서히 확산되었습니다. 브뤼헐의 고향 브라반트의 상인 대다수도 신교도였지요.

교회에 대항한다는 것은 당시로서는 말도 안 되는 일이었어요. 사람들의 생활 전반을 지배하던 교회에 반항하는 것은 지금으로 말하면 회사나 학교를 상대로 소송을 제기하는 것 이상으로 큰 일이었죠. '권력 앞에 굴복하는' 사람이라면 절대 할 수 없는 일이지요. 그런 교회를 비판한 루터나 칼뱅의 용기에 경의를 표하는 건 그렇다 쳐도, 평범한 사람들은 왜 그들의 과격한 주장을 지지했을까요? 여기에 포인트가 있습니다.

신교의 탄생 배경에는 분명 성경의 보급이 있었다고 생각합니다. 누구나 성경을 사서 읽을 수 있게 되면서 루터나 칼뱅 같은 성직자들도 성경을 제대로 읽고 신의 가르침에 대해 파고들 수 있었을 겁니다. 그리고 그 결과 종교개혁이라는 결론에 도달한 것이지요.

맥주나 좋아하던 북쪽 상인들이 가톨릭교 대 신교의 신학 논쟁을 이해했다고는 생각할 수 없지만, 거리에 뿌려진 가톨릭 교회를 비판하는 글을 읽고 그에 영향을 받아 신교도가 되는 사람이 적지 않았습니다. 그걸 보면 마르틴 루터는 일반 서민들을 대상으로 한 홍보 활동에 매우 뛰어난 인물로, 신교의 선전 활동도 훌륭히 해낸 듯합니다. 그로 인해 서서히 신교가 퍼져나갔으니까요.

하지만 가톨릭교회가 신교를 인정할 리 없었습니다. 그들은 신교도들을 체포해 몸을 갈기갈기 찢거나 생매장하거나 불태우는 등 잔혹하게 탄압했습니다. 이런 교회의 탄압에 신교도들도 반발합니다. 이렇게 해서 가톨릭과 신교 사이에 전쟁의 막이 올랐습니다.

피터르 브뤼헐, 〈교수대 위의 까치〉
1568년, 독일 다름슈타트 헤센 주립미술관 소장

〈베들레헴의 인구조사〉가 그려진 1566년경에 안트베르펜 성모 마리아 대성당을 시작으로 인근의 성당과 수도원이 신교도들의 습격을 받았습니다. 이런 대립에 브뤼헐은 상당히 마음이 아팠던 것 같습니다. 그는 유작 〈교수대 위의 까치〉에 자신의 생각을 담았습니다.

교수대 위에 앉은 까치는 밀고자를 상징합니다. 신교도 밀고가 잇따르던 당시 상황에 대한 브뤼헐의 탄식인 것입니다. 브뤼헐이 활약했던 북쪽 지역을 가리키는 '네덜란트'는 저지대라는 의미입니다. 오랜 세월 수해에 시달리면서도 어떻게든 극복하며 살아온 땅이었습니다. 그러나 항상 유럽 여러 나라의 패권 다툼에 휘말리고, 거기에 더해 종교 갈등으로 밀고와 탄압이 끊이지 않는 불행의 땅이 되어버렸습니다. 교수대에서 많은 신교도가 처형되었습니다. 하지만 그림 속 교수대는 더는 사용하지 않는 것처럼 보입니다. 심지어 그 주변에서 남녀가 즐겁게 춤추고 있습니다. 브뤼헐은 밀고나 처형 없는 평화로운 날이 오길 바라며 이 그림을 그린 게 아닐까요?

그러나 불행히도 그의 바람은 이루어지지 않았습니다. 가톨릭과 신교의 전쟁은 더욱 격화되었고, 가톨릭 국가 스페인의 압정과 탄압에 시달린 북쪽 사람들은 더는 참지 못하고 일어납니다. 강적 스페인을 적으로 돌린, 북쪽 사람들의 길고 긴 싸움이 시작된 것입니다.

이제 재미있어지려 하는데 벌써 끝이냐고요? 아직 끝이 아니니 다음 투어를 기대해주세요.

이번에 들려드린 가톨릭과 신교의 대립은 유럽사에서 매우 중요한 사건임에도 의외로 잘 모르는 사람이 많아요. 저도 오래전 외국계 기업에 근무할 때 이와 관련해서 아픈 기억이 있습니다. 서양인 동료들이 '가톨릭 기질, 신교도 기질' 하면서 농담을 하는데, 무슨 말인지 하나도 모르겠더라고요. 그때 그들과 같이 웃지 못한 게 왠지 억울했답니다. 여러분은 이제 알았으니 그런 일은 없을 거예요.

유럽의 종교 갈등 이야기는 이제부터 시작입니다. 이 갈등으로 상인의 나라 '네덜란드'가 탄생하게 되지요!

ROOM 3

◆◆

증오를 금융 파워로 바꾼 네덜란드

◆◆

Guide to the Room 3

플랑드르에서 이어지는 네덜란드 투어를 시작해볼까요. 플랑드르와 브라반트에 퍼진 신교 세력에 화가 난 스페인 합스부르크 왕국. 이는 곧 북부 신교 세력과 남부 가톨릭 세력의 전쟁으로 확대됩니다. 처음에는 스페인의 압정과 종교 탄압에 대한 신교도들의 반발에서 시작했지만, 점점 독립전쟁으로 변해갔습니다. 신교도들은 오랜 전쟁 끝에 독립을 이루어 네덜란드를 건국합니다. 반(反)가톨릭의 신교 국가가 탄생한 것은 미술사에도 큰 영향을 미쳤습니다. '교회'라는 거대한 후원자가 사라진 셈이었지요. 가톨릭에 항거했을 뿐 아니라 성상 파괴 운동까지 벌였으니 가톨릭교회에서 신교 국가의 예술가들을 후원해줄 리가 없었습니다. 그래서 네덜란드에서 회화가 사라졌느냐 하면, 그렇지 않습니다. 부유한 시민들이 화가들을 지원함으로써 네덜란드의 종교화는 다른 지역과 다른 방향으로 진화하게 됩니다. 그럼 네덜란드 미술에 어떤 변화가 나타났는지 살펴볼까요?

1

가난한 나라 상인들에게 번진 새로운 종교와 종교 갈등

종교 갈등으로 분열된 두 개의 나라

유럽에는 아름다운 광장이 많습니다. 베네치아의 산마르코 광장, 브뤼셀의 그랑플라스가 유명하죠. 특히 벨기에 브뤼셀의 중심에 있는 그랑플라스는 유네스코 세계유산으로 등재되었습니다. 위엄 있고 멋진 건물들이 광장을 빙 둘러싸듯 서 있고, 근처 초콜릿과 와플 파는 가게에서 달콤한 향까지 풍겨오는 곳이지요. 그랑플라스에서 단연 눈에 띄는 것은 고딕 양식의 시청 건물입니다. 건물 꼭대기에는 대천사 미카엘 상이 있는데, 브뤼셀의 수호성인으로 높은 곳에서 사람들을 지켜주고 있습니다.

그런데 이 아름다운 광장에는 잔혹한 역사가 숨어 있습니

다. 끔찍한 처형이 이루어졌던 곳이지요. 브뤼헐이 〈교수대 위의 까치〉를 그린 1568년, 에흐몬트 백작과 호른 백작이 신교를 지지했다는 이유로 스페인 지도자에 의해 참수형을 당합니다. 두 사람은 미카엘 대천사의 수호를 받지 못했지만, 이를 계기로 신교도들이 단결합니다. 그리고 마침내 강적 스페인을 상대로 독립전쟁을 벌입니다. 긴 전쟁과 복잡한 정치 투쟁 끝에 신교도들이 세운 나라가 네덜란드입니다.

네덜란드 북부는 건국이라는 비장한 목표를 달성한 반면, 남부는 아직 스페인의 지배를 받고 있었습니다. 그곳은 오늘날 네덜란드와 국경을 맞대고 있는 벨기에입니다. 지도에서처럼 남북으로 나뉜 두 나라를 보면 한반도의 남한과 북한의 관계를 떠올릴 수 있지만, 네덜란드와 벨기에는 전쟁으로 분열된 것이 아닙니다. 굳이 설명하면 '스페인을 이긴 신교 국가 네덜란드'와 '스페인을 이기지 못한 가톨릭 국가 벨기에'로 나뉘었다고 할 수 있지요. 이 두 나라는 종교가 달랐던 만큼 미술도 서로 다른 길을 걷게 됩니다.

빌렘의 소망, 네덜란드 명문 라이덴대학

그랑플라스에서 처형된 에흐몬트 백작에 대해서는 후일 괴테가 극작품을 쓰고 베토벤이 곡을 붙여 그의 죽음을 기렸습니다. 신교도를 지키려다 이단이라는 모함을 받고 참수된 에흐몬트 백작의 이야기가 두 예술가의 마음을 움직인 것이지요. 이들 못지않게 에흐몬트 백작의 죽음을 비탄한 사람이 있습니다. 에흐몬트 백작과 함께 독립을 위해 싸운 빌렘 1세(Willem I, 1533~1584)입니다. 그러나 빌렘은 동지를 잃은 후 슬퍼할 틈도 없이 독립전쟁을 이끌었습니다.

증오하는 스페인군에 대항해 용감히 일어선 빌렘의 군대, 그러나 유감스럽게도 그 군대는 그리 강하지 않았습니다. 강인한 군인들이 모인 스페인군에 비해 상인과 용병 들로 구성된 반란군은 열세일 수밖에 없었지요. 그런 상황 속에서도 반란군은 꿋꿋하게 버텼습니다. 그래서 이 독립전쟁은 80년이라는 긴 시간 동안 계속되었습니다.

기나긴 전쟁의 흐름을 바꾼 것은 레이던 전투였습니다. 레이던시를 포위한 스페인군에 시민들은 몇 달이나 대항했습니다. 식량도 바닥나고 그 와중에 역병까지 번져 많은 사람이 죽었습니다. 속수무책으로 버티는 레이던 시민들, 그리고 도시를 포위한 채 언제까지 버틸 수 있겠냐고 비웃는 스페인군. 시민들은 완강했고 항복하지 않았습니다.

영양실조로 죽기 직전의 상황. 여기서 지도자 빌렘은 놀라운 전술로 스페인군을 퇴각시킵니다. 바로 도시를 수몰시키는 작전이었습니다. 강 상류 둑을 무너뜨려 도시를 수몰시키고, 성채에 남아 있는 사람들은 구출한다는 것이었죠. 이렇게 하면 도시가 파괴되고 재생하는 데 몇 년은 걸리겠지만, 항복하느니 차라리 그게 낫다며 작전을 감행합니다.

서서히 차오르는 물에 공포를 느낀 스페인군은 황급히 퇴각했습니다. 레이던 시민들은 불굴의 정신으로 스페인군을 무찔렀습니다. 이 일로 빌렘의 군대는 큰 용기를 얻습니다. '그래, 우리도 할 수 있어!' 그때부터 전황이 확 달라집니다. 반란군은 조금씩 스페인군을 반격하며 독립을 향해 큰 걸음을 내디뎠습니다.

빌렘은 목숨을 걸고 도시를 지킨 용감한 레이던 시민들을 포상하겠다고 합니다. 그런데 레이던 시민들이 요구한 것은 금일봉도, 세금 감면도 아닌 아이들을 위한 대학 설립이었습니다. 레이던 대학은 마을을 물바다로 만든 끝에 얻은 승리의 상징이었습니다. 그리고 레이던시의 자랑을 넘어 네덜란드 건국의 상징이 되었습니다.

이렇게 설립된 레이던 대학에는 네덜란드뿐 아니라 유럽 각지의 인재들이 모여듭니다. 그중 미술과 경제의 역사를 크게 바꾼 렘브란트와 쿠르시우스를 만나보죠.

교회에서 시민으로, 종교화에서 초상화로

라인강 하구에 위치한 작은 도시 레이던. 스페인군 포위 당시 시민들이 대항했던 요새가 여전히 남아 있습니다. 그런데 막상 가보면 생각보다 작은 규모에 놀랄지도 모릅니다. 그 요새에서 조금 걸으면 레이던 대학이 있습니다.

네덜란드를 대표하는 화가 렘브란트 판 레인(Rembrandt van Rijn, 1606~1669)는 레이던에서 제분업을 운영하는 부유한 집안에서 태어났습니다. 그는 부모의 기대를 안고 명문 레이던 대학에 입학했지만, 바로 대학에 등을 돌립니다. 그림을 그리고 싶다는 게 이유였지요. 부모의 걱정에도 불구하고 렘브란트는 일찍이 화가로서 재능을 발휘합니다. "그 집 아들 솜씨가 대단한가 봐!" 하고 도시에 소문날 정로도 두각을 나타낸 렘브란트는 도약을 위해 암스테르담으로 향합니다. 그곳에서도 렘브란트에 대한 평판은 높아만 갔고, 1642년 〈야경〉을 그릴 무렵

렘브란트 판 레인, 〈야경〉
1642년, 암스테르담 국립미술관 소장

그의 명성은 하늘을 찔렀습니다.

〈야경〉은 렘브란트의 대표작으로 꼽힙니다. 민병대원들의 의뢰를 받아 그린 것이지요. 그런데 이 그림의 배경은 밤이 아니라 낮이고, 제목도 렘브란트가 지은 게 아닙니다. 그림에 칠한 니스가 후일 검게 변해서 밤을 그린 거라 착각한 사람들이 멋대로 '야경'이라는 제목을 붙인 것이지요. 대단한 그림의 제목을 그렇게 대충 정하다니!

주목할 것은 이전의 그림들처럼 종교화 같은 요소가 전혀 없다는 점입니다.《성경》이나 신화에 관련된 어떤 요소도 없이 그냥 인간의 모습을 그렸을 뿐입니다. 이것이 17세기 네덜란드에서 유행한 집단 초상화입니다.

이런 그림이 그려진 배경에는 후원자들의 변화가 있었습니다. 교회에서 부유한 부르주아 시민으로 후원자가 바뀐 것이지요. 네덜란드 화가들은 종교 전쟁 이전까지 최고의 후원자였던 가톨릭교회의 후원을 더는 받지 못하게 되었습니다. 그렇다고 일자리를 잃어버린 것은 아니었습니다. 부유한 부르주아 시민들이 그림을 주문하기 시작했거든요. 이런 시기에 명문 대학을 포기하고 화가의 길을 선택한 렘브란트의 도박은 엄청난 성공이었습니다. 북방 르네상스를 탄생시켰을 정도로 그림을 좋아하고 그림에 조예가 깊은 사람들이 많은 고장! 부유한 부르주아 시민들이 실력 있는 화가들에게 그림을 주문하게 된 것은 이상한 일이 아니었지요. 그중 손쉬운 주문이 집단 초상화였습니다.

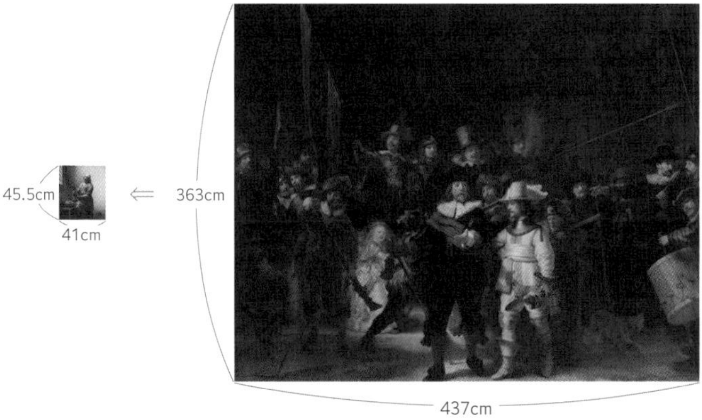

〈**우유 따르는 여인**〉(왼쪽) 45.5×41cm
〈**야경**〉(오른쪽) 363×437cm

집단 초상화에 나타나는 비종교적 경향은 네덜란드에서 또 다른 장르들을 낳았어요. 이제 풍경화와 정물화 그리고 사람들의 일상생활을 그린 풍속화 등이 많이 그려졌습니다. 그림의 크기도 점점 작아졌습니다. 앞선 렘브란트의 그림은 꽤 크지만, 후배 화가 페르메이르의 그림은 매우 작습니다. 현재 암스테르담 국립미술관에 나란히 걸려 있는 렘브란트의 〈야경〉과 페르메이르의 〈우유 따르는 여인〉을 비교하면 크기가 엄청 차이 납니다.

왜 이렇게 그림이 작아졌을까요? 그 이유를 알면 네덜란드가 어떤 나라인지, 이 나라에서 어떻게 세계 최초로 주식회사와 증권거래소가 생겨났는지도 이해할 수 있지요.

2

관용의 정신에서 탄생한 세계 최초 주식회사와 증권거래소

유럽 상인들이 모이다

네덜란드 독립전쟁에서는 용병들이 활약했습니다. 돈을 주고 병사를 고용하는 것이니 당연히 돈 많은 쪽이 유리했죠. 스페인이 빚에 쪼들리고 있던 반면 북부 반란군에는 재력 있는 상인이 많았습니다. 그들은 자신들의 재산을 기부하거나 빚까지 내서 용병을 고용했습니다.

전쟁 때 돈을 빌리고 전쟁이 끝나면 갚는다니, 이 얼마나 이상한 사업입니까. 돈을 빌려주는 사람이 있었다는 게 더 신기하네요. 위험을 감수하지 않으려는 오늘날의 은행들과 비교되는 대목입니다.

이렇게 전쟁에서 승리해 세운 나라가 네덜란드, 그러니 상인들의 목소리가 컸던 것도 당연합니다. 새롭게 탄생한 네덜란드는 상인들의 나라답게 이렇게 천명합니다. "모든 상인이여, 이 나라로 오라."

종교 갈등 끝에 세워진 나라니 가톨릭교도들을 미워했을 법도 한데 네덜란드는 달랐습니다. 뜻밖에도 '노사이드(no side, 럭비 경기가 끝난 상황을 가리키는 말로, 경기 종료 후에는 편을 나누지 않고 화합한다는 의미—옮긴이)'를 선언한 겁니다. 이제 더는 종교 문제로 싸우지 말자, 장사하고 싶은 사람이라면 종교를 불문하고 환영한다고 했지요.

이 관용의 선언을 듣고 북부 신교 각 종파, 남부 가톨릭교도, 유럽 전역에서 박해받던 유대인들이 몰려왔습니다. 여기서 중요한 것은 유대인이 네덜란드로 몰려왔다는 것입니다. 당시 돈에 관한 일이라면 유대인이 단연 일등이었으니까요. 돈을 모으거나 빌려주는 금융 사업 능력은 물론이고 각지의 정보를 모으는 능력도 뛰어났습니다. 그런 그들이 상인들을 돕게 되었으니 그야말로 범에게 날개까지 생긴 격이었지요. 네덜란드는 이민으로 '두뇌(인재)'를 불러모았던 것입니다. 이민을 단순노동자로 보는 보통의 시각과는 달랐습니다.

이미 경제적으로 쇠퇴하고 있던 지중해의 왕자 이탈리아를 대신해 네덜란드 상인들이 유럽 근해 무역으로 돈을 벌어들였습니다. 이 기세를 몰아 동인도까지 진출하게 됩니다. 동인도

무역은 스페인과 포르투갈이 앞서 있었지만, 후발 주자로 뛰어든 것이지요. 육상에서의 전쟁은 끝났지만 바다 위에서 가톨릭과 신교의 전쟁은 계속되었습니다.

네덜란드는 동인도로 향하는 대형 선박에 대포를 탑재하고, 전투에서 밀리지 않기 위해 대선단을 꾸려 출항합니다. 이렇게 선단을 꾸리려면 돈도 많이 드는 데다 항구도 그에 걸맞게 정비해야 했습니다. 이래저래 동인도 무역에 큰돈이 드는 셈이었지요. 그래서 네덜란드는 장기적으로 대규모의 자금을 조달할 수 있는 필살의 수단을 마련합니다. 그것이 바로 주식회사입니다. 이렇게 네덜란드 동인도회사는 세계 최초의 주식회사로 설립되었습니다.

또 주주가 동인도회사 주식을 되팔 수 있는 증권거래소까지 세웠어요. 주주들은 주식을 계속 가지고 있다가 배당을 받거나, 자유롭게 매각할 수 있었어요. 그래서 네덜란드 동인도회사 주식은 엄청난 인기를 얻게 됩니다. 주식회사와 증권거래소, 이 획기적인 조합이 네덜란드에서 탄생한 배경에는 유대인들의 지혜가 있었습니다.

자, 여기서 렘브란트 그림과 관련한 퀴즈 하나! 렘브란트의 〈플로라의 모습을 한 사스키아〉, 이 그림에 그려진 것 가운데 가장 비싼 건 무엇일까요?

이 그림의 모델 사스키아는 렘브란트의 아내입니다. 보석이 박힌 귀걸이, 비싸 보이네요. 아니면 사치스러운 옷? 모두

렘브란트 판 레인, 〈플로라의 모습을 한 사스키아〉
1634년, 러시아 에르미타주 미술관 소장

아닙니다. 가장 비싼 것은 머리에 장식한 튤립! 농담 아니냐고요? 맞아요, 농담이에요. 하지만 어쩌면 이 농담이 사실이었을지도 모릅니다. 네덜란드에서 튤립 가격이 폭등해 세계 최초로 '거품(버블)'이 일어났기 때문입니다.

동인도회사 주식 매매로 매우 고조된 네덜란드 상인들은 다양한 상품을 거래하기 시작합니다. 상인 정신이 넘치던 그들은 상품 가격의 상승과 하락을 전망하며 매매를 했지요. 그런데 뜻밖의 높은 가격으로 사람들을 놀라게 한 것이 튤립 구근입니다.

튤립은 터키와 이란 근처가 원산지입니다. 동경하던 동방의 물건이었지요. 꽃 모양이 이슬람의 터번과 비슷해 보이지 않나요? '튤립(tulip)'이란 이름은 터번을 라틴어로 번역한 '툴리판(tulipan)'에서 비롯되었다는 설도 있습니다. 어쨌든 동방의 튤립은 16세기경 서유럽에 전해졌는데, 이 희귀한 식물의 구근을 손에 넣은 사람이 카롤루스 클루시우스(Carolus Clusius, 1526~1609) 레이던 대학 교수였습니다.

식물학자였던 클루시우스는 이 꽃의 매력에 빠져 품종 개량에 힘씁니다. 그리고 전에 없던 줄무늬 튤립을 만들어냈지요. 이 튤립이 사람들에게 큰 인기를 끌면서 가격이 상승합니다. 정원을 튤립으로 장식하려는 사람들에서부터 튤립으로 돈을 벌려는 사람들까지 경쟁적으로 비싼 값을 부르며 이 꽃을 사들이면서 튤립 거품이 일어났습니다. 아이러니하게도 검소와 근면을 내세우는 신교의 나라에서 세계 최초로 거품 경제가 발생한 것이지요.

더욱이 불명예스러운 것은 거품 경제 1호가 튤립 거품이었다는 사실이에요. 남쪽 가톨릭 국가의 공주가 좋아한 호화로운 장미에 비해, 튤립은 다소곳하고 소박한 꽃이어서 신교도들에게 사랑을 받았던 것입니다. 그런 신교의 정신을 구현하는 꽃이 세계 최초의 거품이었다니 정말 재미있지 않나요?

튤립 거품의 붕괴와 렘브란트의 몰락

주식, 튤립과 더불어 네덜란드의 시장에서 거래된 의외의 물건이 바로 그림입니다. 그전까지 그림은 교회나 왕족, 귀족 들의 주문을 받아 그려졌지요. '어떠어떠한 그림을 그려주시오' 하는 요청을 받아 그리는 완전한 주문 제작 상품이었어요. 대부분은 종교화였고, 교회나 궁전 같은 큰 공간을 장식할 거대한 것들이었지요. 그런데 이런 전통이 네덜란드에서 깨지게 됩니다.

우선 후원자가 부유한 시민들로 바뀌면서 집단 초상화가 등장했고, 일반 시민들까지 그림으로 집 안을 장식하게 되면서 평화로운 분위기의 작은 그림들이 늘어납니다. 아침에 일어나자마자 거실에 걸린 무시무시한 느낌의 종교화를 보고 싶어 하는 사람은 별로 없을 테니까요. 거실에 어울리는 그림은 바다

그림의 변화

	이탈리아		네덜란드
후원자	교회나 왕족	→	시민
주제	종교화 중심	→	풍경·정물·풍속화
생산 방식	주문 생산	→	예측 생산

와 산을 그린 풍경화, 꽃을 그린 정물화, 따뜻한 일상을 그린 풍속화 같은 것이었겠지요.

네덜란드 화가들은 시민들에게 팔 그림을 그리기 시작했습니다. 이런 그림들은 주문 생산이 아니라 미술상을 통해 팔렸어요. 이렇게 예술 후원자들의 변화가 네덜란드 회화의 주제와 크기, 유통에까지 영향을 미친 것입니다.

그림이 주문 생산에서 시장 유통 상품으로 변화하면서 화가들도 시장의 수요를 예측할 수 있어야 했습니다. 사실 렘브란트는 그런 고객 중심 지향으로 전환하지 못한 화가였습니다. 그는 〈야경〉을 그린 후 가정불화 때문에 경제적으로 몰락했고, 친구와 지인 들에게 돈을 빌려 쓰다가 결국 파산하고 말았습니다. 상인의 나라 네덜란드는 렘브란트 같은 분방하고 장인 기질이 있는 예술가들에게는 살기 어려운 나라였을지 모릅니다.

그런데 렘브란트가 몰락하던 시기에 유럽 제일의 경제 대국으로 부상한 네덜란드의 경제도 하락하기 시작합니다. 이 나라를 발전하게 한 '금융 파워'는 주식이나 튤립, 그림 등의 상품을 투자재로 만들어 가격을 상승시켰습니다. 그러나 일단 하락세가 시작되면 투자재의 가격 또한 하락하게 됩니다. 금융 파워에 의존한 상승은 하락세가 시작되면 차마 눈 뜨고 볼 수 없는 지경에 이릅니다. 일본의 거품 경제 붕괴나 리먼 사태처럼 말이죠.

렘브란트와 네덜란드의 황금시대는 덧없는 것이었습니다. 그 짧았던 황금시대를 그리워하듯 피어나는 줄무늬 튤립……. 그 튤립은 오늘날 '렘브란트 튤립'이라 불리고 있답니다.

3

샐러리맨 화가와 프리랜서 화가

마켓 인으로의 전환, 시장이 원하는 그림을 그려라

렘브란트와 네덜란드가 짧은 황금시대를 맞았던 17세기, 멀리 동쪽의 일본 에도에 한 포목점이 문을 열었습니다. 현금 정찰제를 내건 그 가게의 이름은 에치고야(越後屋), 후일 미쓰코시(三越) 백화점이 될 가게였습니다.

일본에 이 가게가 등장하기 전까지 기모노는 주문 생산으로 만들어졌습니다. 가게 주인이 손님 집을 찾아가 치수를 잰 후 제작하는 것이죠. 그런 주문 생산은 아무래도 돈이 많이 듭니다. 그래서 이를 개선하기 위해 넓은 가게에 많은 기성품을 걸어놓고 팔기 시작한 것이 에치고야였습니다. 에치고야는 기성품을 대량으로 준비해 현금 판매를 함으로써 비용을 삭감하고, 일반 서민들을 대상으로 싼값에 포목을 판매했습니다. 오늘날 미쓰코시는 고급 백화점의 대명사지만, 원조 에치고야는 저렴한 할인 마트였던 것이죠.

에도 시대에 이미 교류를 하고 있던 네덜란드와 일본에서 비슷한 시기에 주문 생산품에서 시장 유통재로의 변화가 일어났다니 놀랍습니다. 어쨌든 그 변화에 따라 그림도 옷도 내가 만들고 싶은 것이 아니라 시장이 원하는 것을 만들어야 했지요. 요즘 말로 하면 '프로덕트 아웃(product out)'에서 '마켓 인(market in)'으로의 전환입니다. 그런데 화가들은 이러한 변화를 어려워했던 것 같습니다.

예를 들어 수태고지 같은 종교화는 어느 정도 제약이 있지만 풍경화·정물화·풍속화는 무엇이든 그릴 수 있었습니다. 하지만 이제 고객은 자신이 원하는 그림을 사게 되었으니 화가들에게는 고객의 욕구를 읽는 마케팅 센스가 필요해졌습니다. 그림의 주제도 그리는 방식도 고객의 요구를 정확히 파악하고 그에 맞춰 그려야만 했습니다. 이렇게 화가들에게 요구된 유연성은 완고한 장인 정신의 정 반대편에 있는 것이었지요. 이런 변화의 요구는 화가들을 압박했겠지만, 17세기 네덜란드 화가들의 수준을 끌어올린 것만은 틀림없습니다.

네덜란드는 북방 르네상스의 전통을 잇는 회화의 기초가 탄탄한 지역입니다. 네덜란드 화가들은 회화의 기초를 정확히 익

히면서 유행에 뒤지지 않는 그림을 그렸습니다. 변화에 발맞추기 위한 그들의 노력은 우리에게도 본보기가 됩니다. 아무튼 금융과 마케팅에서 강한 면모를 보인 네덜란드도 경제적으로 내리막길을 걸을 수밖에 없었지만, 이 나라 화가들은 노력에 노력을 더해 '네덜란드 회화'라 불리는 다양성 넘치는 새로운 장르를 개척했습니다.

출세욕으로 무장한 화가들의 왕 루벤스

이쯤에서 벨기에의 화가도 한 명 소개해보죠. 네덜란드 남쪽에 있는 벨기에, 이 나라에는 왠지 모를 우아한 이미지가 따라다닙니다. 고디바 초콜릿 같은 명품 디저트도 있지만 무엇보다도 다이아몬드가 유명하죠. 벨기에의 안트베르펜에는 지금도 많은 보석 가게가 늘어서 있습니다. 다이아몬드도 동방의 인도에서 온 것이었습니다. 유럽에 도착한 다이아몬드는 연마 기술의 발전과 더불어 안트베르펜의 명품이 되었지요. 원산지 인도에서는 원석을 캘 수 있어도 연마하는 기술은 별로였거든요.

이탈리아와 스페인, 프랑스의 보석 세공사들도 다이아몬드 연마에 힘썼지만, 안트베르펜 세공사들의 솜씨를 따라갈 수 없었습니다. 북쪽 지역의 장인들은 세밀화를 그리거나 공예품을 만들거나 다이아몬드 세공하는 일에 달인이었죠. 소재보다 기술로 승부를 거는 게 주특기였어요.

페테르 파울 루벤스, 삼면 제단화 〈십자가에서 내려지는 예수〉

1612~1614년경, 안트베르펜 성모 마리아 대성당 소장

안트베르펜 출신의 유명한 화가가 페테르 파울 루벤스(Peter Paul Rubens, 1577~1640)입니다. 이 이름을 모르는 사람도 만화영화 〈플랜더스의 개〉 마지막 회에서 네로가 죽기 직전에 본 그림의 작가라고 하면 고개를 끄덕일 거예요. 네로가 그림을 보고 죽는 마지막 장면은 가슴 찡했어요, 정말.

아무튼 네로가 죽어가면서 파트라슈와 함께 본 그 그림은 안트베르펜 성모 마리아 대성당의 〈십자가에서 내려지는 예수〉입니다. 그림이 정말 드라마틱하지요? 섬세한 붓놀림이 이야기에 박력을 불어넣는 것 같네요.

루벤스는 출세욕이 매우 강한 화가였어요. 화가들 대부분은 욕망이 강한 편이지만, 루벤스는 내면이 아닌 외부로의 표출, 즉 출세욕과 자기 과시욕이 강했지요. 내면적인 것을 추구했던 렘브란트와는 매우 대조적이었습니다.

16~17세기 북유럽에서는 종교 갈등의 골이 점점 깊어지고, 유럽 곳곳에서 왕이 모든 권한을 갖고 통치하는 절대왕정 국가들이 등장합니다. 이 절대왕정 시기에 왕을 치켜세우는 호화찬란한 그림이 나타나는데, 바로크 회화입니다. 같은 시기 음악계에서는 바흐가 귀족 취향의 바로크 음악으로 궁정을 뜨겁게 달구었지요.

바로크는 원래 비뚤어진 진주라는 뜻으로, 모멸적인 뉘앙스가 담겨 있는 단어입니다. 예를 들면 과장되고 지나치게 행동하는 사람을 보고 '저 사람 완전 오버하네'라고 말하는 것 같은 느낌이랄까요? 뭐, 치켜세워주는 데는 과장보다 좋은 게 없으니 꼭 나쁘다고만은 할 수 없겠죠.

바로크 유행의 배경에는 가톨릭교회의 반격도 있었습니다. 신교에 대한 복수심을 불태운 가톨릭교회는 화가들에게 과장되게 그려 달라며 '바로크한' 주문을 쏟아내기 시작했습니다. 사람들이 그런 그림을 더 좋아한다고 생각한 거예요.

호화롭고 감각적인 바로크 회화의 거장 루벤스는 교회나 왕가, 귀족들로부터 많은 주문을 받으며 화가뿐 아니라 외교관으로도 활약했습니다. 명석하고 잘생긴 데다 외국어 능력까지 있었으니 잘나갈 수밖에 없었겠지요.

국가의 안정이냐, 자유냐

루벤스는 젊은 시절 이탈리아에서 유학했습니다. 당시 이탈리아는 화가 꿈나무들의 등용문이었습니다. 루벤스도 이탈리아 각지에서 그림을 배우면서 탄탄한 인맥을 쌓았습니다. 그 후 화가로, 국제 정치계의 에이스로 출세하여 마침내 '화가의 왕이자 왕의 화가'라는 칭호를 얻습니다. 좀 과장되게(바로크하게) 표현하면 루벤스는 왕에게 봉사하는 화가인 동시에 왕도 움직일 수 있는 존재가 된 것이죠. 하지만 이는 극히 드문 예입니다.

르네상스 시대 화가들은 인간적인 자유로운 표현을 손에 넣었지만, 바로크 시대의 궁정 화가 대부분은 시키는 대로 그림을 그렸어요. 생활의 안정과 화가로서의 자유를 맞바꾼 월급쟁이가 되어버린 것입니다. 루벤스는 월급쟁이들의 경쟁에서 이겨 사장이 되고, 경제 단체 회장까지 올라간 격이었어요. 가톨릭교도였던 루벤스는 항상 교회와 왕 가까이 있었기 때문에 그런 삶을 살 수 있지 않았을까요?

그에 비해 신교국가의 화가 렘브란트는 월급쟁이가 아닌 프리랜서 화가로서의 삶을 살았습니다. 프리랜서는 비교적 자신이 하고 싶은 일을 할 수 있는 데 비해 생활이 안정적이지 않잖아요. 안정이냐 자유냐, 당시 화가들도 지금의 우리와 같은 고민을 하고 있었습니다.

흥미롭게도 렘브란트는 젊은 시절 많은 유력자에게 이탈리아행을 권유받았지만 모두 거절했습니다. 루벤스를 비롯한 경쟁자들이 이탈리아를 순례하는 것을 보고 오기가 발동한 것은 아니었을까요? 그는 이탈리아를 가지 않고 종교화를 독자적으로 해석하고 연구해 자신만의 화풍을 만들어냈습니다. 주로 남부 유럽의 가톨릭 국가에서 고딕→르네상스→바로크라는 회화의 큰 흐름이 형성되는 가운데, 렘브란트는 네덜란드 회화라는 빛나는 지류의 물꼬를 튼 셈입니다.

그런 자랑스러운 인생의 마지막을 렘브란트는 아들과 둘이서 가난하게 살았습니다. 다른 이야기지만, 런던의 월리스컬렉션 미술관에는 렘브란트가 만년에 그린 아들 티투스의 초상화가 있습니다. 이 그림에는 렘브란트의 아들에 대한 애정이 넘칩니다. 게다가 미술관의 전시가 기가 막힙니다. 렘브란트의 자화상과 티투스의 초상화가 마주 보고 있어요. 렘브란트가 미소를 짓고 있는 아들과 함께할 수 있길 바라는 배려 깊은 전시가 관람객들에게 더욱 감동을 줍니다.

네덜란드 투어에서는 네덜란드의 렘브란트와 벨기에의 루벤스의 그림을 함께 살펴보았습니다. 네덜란드와 벨기에 회화는 신교 대 가톨릭교라는 도식으로 이해할 수 있어요. 이 대립 구도가 보이면 세계사는 물론 미술사도 쉽고 재미있어집니다.

자, 이제 미술사에서 빼놓을 수 없는 프랑스로 출발해볼까요? 프랑스의 역사에서 혁명 이야기가 빠질 수 없겠죠? 혁명을 전후로 프랑스의 회화가 어떻게 변했는지 주목해보세요.

ROOM 4

혼란 속에서 브랜드를 만들어낸 프랑스

Guide to the Room 4

드디어 예술 대국 프랑스입니다! 프랑스를 빼놓고 미술사를 말할 수 없지요. 프랑스는 두 번의 투어로 둘러보려 합니다. 프랑스 회화가 매우 알찬 것도 이유이지만, 아무래도 역사와 함께 살펴보려면 긴 이야기가 되어버린답니다. 어느 나라나 문화적으로 자랑할 만한 것이 있지요. 프랑스 하면 가장 먼저 음식이 떠오릅니다. 세계 3대 미식으로 꼽히는 프랑스 요리는 예술의 경지에 이르렀죠. 다른 하나는 명화를 비롯한 예술품이 가득한 루브르 미술관입니다. 프랑스인들은 루브르에 대해 큰 자부심을 갖고 있어 설립 이래 계속해서 명화를 기증하고 있습니다. 루브르는 명성에 비해 그 역사는 잘 알려지지 않은 것 같아요. 이번 투어에서는 루브르 미술관을 둘러싼 에피소드도 들려드릴 테니 기대하셔도 좋습니다. 그림이든 건축이든 그것에 얽힌 역사와 이야기를 알고 보면 즐거움이 두 배가 됩니다. 그걸 모르면 그저 멋진 그림이네, 높은 건물이구나 하고 끝나버리잖아요. 그러기엔 너무 아까우니 조금이라도 역사를 알아보면 어떨까요?

1

이탈리아를 따라잡고 앞질러라!

루브르에 〈모나리자〉가 있는 이유

1494년은 좋은 의미와 나쁜 의미로 피렌체의 역사에 남을 만한 해였습니다. 좋은 일은 다빈치에게 수학을 가르쳤던 수학자 루카 파치올리가 《산술집성(Samma de arithmetica, geometria, proportioni et proportionalita)》을 펴낸 것이었습니다. 당시 유럽은 사칙연산조차 알려지지 않았을 때인데, 이 책이 등장하면서 사람들이 수학을 배우기 시작했고 과학의 발전이 가속화되었습니다. 또 이 책은 '부기'에 관한 설명도 있어서 피렌체의 많은 상인이 장부를 쓰는 계기를 마련해주기도 했답니다.

나쁜 일은 이해에 메디치 은행이 파산했다는 것입니다. 원인 제공자는 2년 전 사망한 로렌초 데 메디치. 그는 메디치 가문의 당주이자 피렌체를 실질적으로 통치하는 정치가였습니다. 로렌초는 예술에 대한 사랑과 이해심이 지나쳐 그만 퍼주기를 하고 말았습니다. 예술이 꽃필 때 로렌초처럼 성대하게 베푼 왕이나 지도자가 많았습니다. 예술가로서는 고마운 일이지만 나라 재정에는 곤란한 일이죠. 참 어려운 일입니다. 예술을 지원하면 재정이 어려워진다니. 그렇다고 해서 돈을 아끼면 예술은 사라지고 말겠지요…….

로렌초가 돈을 너무 많이 쓴 결과, 메디치 은행은 파산하고 맙니다. 심지어 그가 공금에까지 손을 댄 사실이 밝혀지자 피렌체 시민들은 분노했습니다. 피렌체는 혼란의 도가니에 빠졌고, 레오나르도 다빈치까지 고향을 등지게 되었죠.

다빈치는 그 후 이탈리아 각지를 전전합니다. 그 모습을 보다 못한 프랑스 왕 프랑수아 1세. "프랑스로 오지 않겠소?" 하며 구원의 손길을 뻗습니다. 프랑수아 1세도 로렌초 못지않게 예술을 사랑했습니다. 이탈리아와 전쟁을 하면서도 이탈리아 회화를 무척 좋아했지요. 그런 프랑스 왕의 권유에 다빈치는 기꺼이 파리로 향합니다.

파리에서 만년을 보내다 그곳에서 세상을 떠난 다빈치. 이로써 그의 명작 〈모나리자〉는 루브르 미술관에 걸리게 되었죠. 생각해보면 이탈리아의 보물이 프랑스에 있다니 참으로 이상한 일인데, 그 배경에는 다빈치가 피렌체를 떠나 파리로 향한

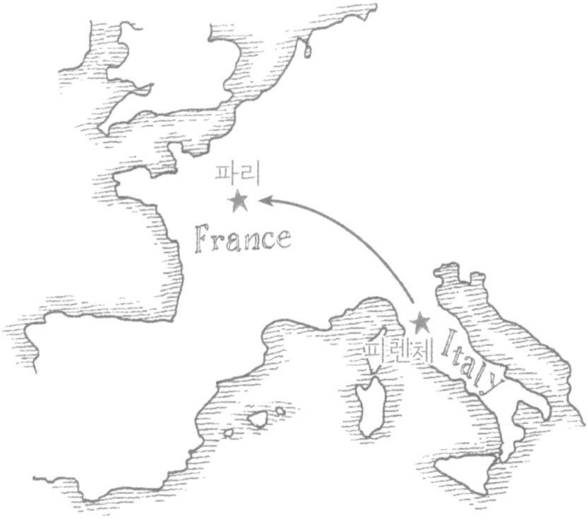

일이 있었습니다.

양국의 묘한 인연은 이것만이 아닙니다. 다빈치처럼 피렌체에서 파리로 간 여성이 있었습니다. 로렌초의 딸 카테리나(카트린 드 메디시스Catherine de Médicis, 1519~1589)였지요. 그녀는 프랑스 왕 앙리 2세와 결혼했는데, 앙리 2세는 바로 프랑수아 1세의 아들이었습니다. 르네상스 예술에 빠져 가문의 사업을 말아먹은 남자의 딸과 르네상스 예술을 사랑했던 프랑스 왕의 아들의 만남이었지요.

다빈치와 카테리나가 프랑스에 가져온 이탈리아 문화

이탈리아와 프랑스는 시도 때도 없이 전쟁을 벌였지만, 예술 분야에서는 사이가 좋았습니다. 티격태격하면서도 사이좋은 톰과 제리처럼요. 아, 너무 옛날이야기인가요? 죄송!

카테리나가 프랑스 왕과 결혼한 일로 중요한 문화적 변화가 일어납니다. 르네상스 회화뿐 아니라 또 다른 이탈리아 문화가 프랑스에 유입된 것입니다. 이탈리아인 신부와 함께 프랑스로 건너간 것은 바로 음식이었습니다.

메디치 은행이 파산했다고는 하지만, 명문 메디치 가문의 딸이었던 카테리나는 요리사를 줄줄이 데리고 가서 프랑스의 식탁을 완전히 바꿔놓았습니다. 그때까지 프랑스 요리는 재료를 단순히 굽기만 한 것이었습니다. 그런데 카테리나의 요리사들은 향신료와 소스를 곁들인 다채로운 요리를 선보였습니다. 프랑스인들은 요리의 모양과 맛뿐 아니라 이탈리아인이 사용하는 포크와 나이프, 깔끔한 식사 매너에도 깜짝 놀랍니다. 새로운 문화에 눈을 뜬 프랑스인들은 이탈리아 요리에 사용하는 양념과 식사 도구, 식사 매너를 도입합니다. 이렇게 이탈리아 요리를 자기들 나름대로 변형한 것이 프랑스 요리입니다.

예술과 음식, 이탈리아를 대표하는 두 문화는 다빈치와 카테리나를 통해 프랑스로 전해졌습니다. 프랑스 귀족들은 이탈리아의 르네상스 회화로 집 안을 장식하고, 식탁에서 호화롭고 맛있는 '이탈리아식 프랑스 요리'를 즐겼습니다. 프랑스 왕족

특권 계급의 사치와 낭비

↓

국가 재정 악화

↓

시민을 괴롭히는 증세

과 귀족의 화려하고 행복한 삶, 하지만 그 이면에서 국가 재정은 악화 일로를 걷고 있었습니다. 프랑스 왕족과 귀족 들은 저축까지 탕진하며 사치 삼매경에 빠졌고, 그것으로도 모자라 시민들에게 온갖 무거운 세금을 물렸습니다.

전 세계에서 프랑스만큼 세금의 종류가 많고 무거운 세금을 부과해온 나라도 없습니다. 요리와 세금, 이 두 가지의 '넓은 메뉴 폭'은 예부터 프랑스의 전통이었죠. 이미 다빈치를 불러들인 프랑수아 1세 때 절대왕정을 확립하기 위해 상당한 증세를 했는데, 이 나쁜 관행은 다음 세대인 앙리 2세와 그 후대에까지 이어졌습니다.

프랑스의 염원, 아카데미 설립

피렌체의 로렌초는 르네상스 예술을 너무 좋아한 나머지 가문의 사업을 망쳤지만, 프랑스의 왕과 귀족들은 이탈리아 회화의 매력에 빠져들었습니다. 젊은 화가들 역시 진짜 예술을 배우기 위해 이탈리아에 가고 싶어 했어요.

렘브란트와 같은 시기에 활약한 프랑스 화가 니콜라 푸생(Nicolas Poussin, 1594~1665)은 로마에 그림을 배우러 갔다가 아예 눌러앉아 버립니다. 렘브란트가 오기로 이탈리아에 가지 않은 것과 정반대죠. 푸생은 젊은 시절 이탈리아로 간 뒤 인생의 대부분을 그곳에서 보냈어요. 로마에서 수학하던 당시 유럽은 바로크 전성기였지만, 푸생은 바로크 회화의 과장된 표현보다 고요하고 철학적인 배경을 바탕으로 한 고전주의적 그림을 그렸습니다. 그는 매우 격정적인 사람이었다고 전해지지만, 그림은 단정하고 이성적이었어요.

〈아르카디아의 목자들〉에도 그런 고귀하고 지적인 분위기가 흐르고 있어요. 색은 선명하지만 왠지 모르게 차분하고 이성적인 느낌이 들지 않나요? 푸생이 로마에서 배운 아름다움에 대한 고전주의적 자세는 후에 프랑스 미술계의 모범이 됩니다.

이탈리아의 예술을 좋아했던 왕을 본받은 것은 아니겠지만, 프랑스 귀족과 성직자 들이 이탈리아 그림들을 마구 사들여 프랑스의 돈이 이탈리아로 흘러갔습니다. 프랑스의 재정은 더욱 악화되었지요. 이 적자·누수 상황에서 이대로는 안 된다는 분위기가 퍼지기 시작했습니다. 루이 13세 치세였던 1648년, 프랑스 미술계에 큰 움직임이 일어납니다. 왕립 회화 및 조각 아

니콜라 푸생, 〈아르카디아의 목자들〉
1638~1640년, 루브르 미술관 소장

카데미(이하 아카데미)의 설립이 바로 그것입니다.

그때까지만 해도 프랑스와 이탈리아에서 화가는 어디까지나 직인이었고, 한 사람 몫을 하기 위해서는 누군가의 제자가 되어 스승의 가르침을 받아야 했습니다. 이런 것을 도제제도라고 하는데, 유명한 스승의 제자가 되려면 큰돈은 물론 연줄이 필요했습니다. 또 본인이 얼마나 배우고 성장할지는 스승이 가르치기 나름이었고, 악질적인 스승은 자신을 위협하는 재능 있는 제자를 없애버리기도 했습니다.

프랑스는 이러한 도제제도 대신 예술가를 교육하는 기관을 만들기로 했습니다. 교육을 통해 이탈리아에 뒤지지 않는 예술 강국으로 거듭나고자 한 것이죠. 거기에는 당연히 수입국에서 수출국으로 발돋움하려는 야망도 있었을 겁니다. '언제까지나 이탈리아를 동경하고 있을 수만은 없다, 어떻게든 일류 화가를 배출해 다른 나라에 그림을 수출할 수 있는 문화 대국이 되자, 그리고 재정을 흑자로 돌리자!' 조금은 돈에 얽힌 경제적 야망 말입니다.

우선 목표는 문화, 그러는 김에 경제까지 '이탈리아를 따라잡고 추월'하기 위해 설립된 프랑스의 예술가 육성 아카데미. 이 아카데미는 실제로 훌륭한 화가와 조각가를 배출해 프랑스 예술의 질을 높이는 데 기여했습니다.

아카데미 회원들은 작품을 직접 팔 수 없었습니다. '귀족은 천한 장사 따위는 하지 않는다'라는 전통이 회원들에게 적용

되었기 때문이지요. 일종의 귀족이 된 아카데미 소속 화가들은 푸생식의 고전주의 회화 교육을 받고, 아카데미에서 주관하는 전시회 살롱에 작품을 발표했습니다. 돈을 벌려면 이 살롱에서 입선해 이름을 알려야 했지요. 나중에 살롱은 일반인에게도 개방되었지만, 아카데미의 보수적 경향은 계속 남아 있었습니다. 아카데미와 살롱은 왕과 귀족의 지배를 받았기에 태생적으로 귀족적이고 보수적인 경향이 짙었습니다. 이는 상류층의 지지를 받았지만, 다른 한편에서는 거센 반발을 불러일으키게 됩니다.

2

귀족들의 사치에 폭발한 프랑스혁명

아카데미가 낳은 프랑수아 부셰

예술의 나라 이탈리아를 동경해온 프랑스의 야심작인 그 아카데미 출신의 대표 화가는 프랑수아 부셰(François Boucher, 1703~1770)입니다. 그는 화가의 아들로 태어나 아버지 밑에서 그림을 배운 후 로마를 비롯한 이탈리아 각지로 예술 여행을 떠났습니다. 프랑스로 귀국한 후 그토록 바라던 아카데미에 입학해 프랑스식 회화 교육을 받았지요.

부셰는 원래 이탈리아 회화의 영향을 받은 그림을 그렸지만, 아카데미에 입학한 후 조금씩 독창성을 발휘합니다. 〈점심〉에서는 플랑드르 회화의 영향이 느껴지기도 합니다. 그림

프랑수아 부셰, 〈점심〉

1739년, 루브르 미술관 소장

의 주제가 '일상'인 데다가 왼쪽 창에서 들어오는 빛은 얀 반에이크의 그림을 연상시킵니다. 하지만 그림 속 사람들의 표정은 행복하고 온화해 보입니다. 르네상스 회화처럼 웅장하지도, 네덜란드 회화처럼 너무 사실적이지도 않은 그림. 어딘가 만화 같은 느낌도 들지 않나요? 이 그림은 후일 부셰가 가는 길을 암시하고 있답니다.

부셰는 아카데미 입학 후 꾸준히 출세의 길을 밟아 루이 15세 치세에 '왕의 수석 화가'가 되었습니다. 프랑스 화가로서 최고의 명예였지요. 하지만 젊은 시절은 순탄하지 않았습니다. 아무도 후원을 해주지 않아서 결국 부모의 도움으로 이탈리아 유학을 떠났습니다. 그래서 늘 부모에게 빚이 있다고 생각했어요. 그는 이탈리아에서 유명한 르네상스 거장의 작품이 아니라 이류 예술가들의 작품들을 공부했는데, 거기에는 더는 부모에게 폐를 끼치고 싶지 않은 마음과 다른 화가들과 똑같은 길을 가고 싶지 않다는 생각이 있었던 건 아닐까요.

아이돌의 원조, 퐁파두르 부인

당시 회화의 기본은 이탈리아 르네상스 회화였습니다. 하지만 부셰는 그것을 모방만 해서는 안 된다는 것을 알고 있었어요. 그래서 기본은 지키면서 자신만의 독창성을 살리려 합니다.

화가는 모방→반발→독창이라는 경로를 걷는 것일지도 모

릅니다. 때와 장소는 달라도 이 과정은 대체로 같아 보입니다. 도제제도든 아카데미 같은 교육기관이든 마찬가지죠. 우선 해야 할 것은 기본 기술을 제대로 마스터하는 것, 즉 모방하는 것입니다. 부셰가 등장하기 이전의 회화계로 말하자면 그것은 이탈리아 회화를 배우는 것을 의미했습니다. 그다음은 전통에서 벗어나는 것입니다. 전통에 집착하면 그것을 뛰어넘을 수 없게 되지요. 눈앞의 스승이든 전통이든 그것을 배운 후에는 일단 돌아서는 것이 필요합니다. 렘브란트는 이탈리아행을 거부하고 먼 곳에서 종교화를 독자적으로 해석했고, 부셰는 이탈리아에서 르네상스가 아닌 바로크 회화를 공부했습니다. 이 두 번째 과정은 누구의 흉내도 내고 싶지 않다, 남들과 같아지지 않겠다는 반발심에서 나오는 행동이지요. 이 두 과정이 있어야 마지막 단계인 창작을 할 수 있습니다. 렘브란트는 빛과 그림자의 마술사가 되었고, 부셰는 앞으로 이야기할 로코코 회화를 만들어냈습니다.

이 세 과정 중에서 전통에 대한 반발이 강할수록 독창력 또한 길러지는 것 아닐까요? 그런 점에서 저를 비롯한 21세기를 사는 우리는 반성해야 할 것 같아요. 우리는 '이것만 하면 된다' 식의 단기적이고 효율적인 방법론에 너무 의존하고 있어요. 자기계발서에서 소개하는 노하우만 따라 한다고 해서 잘될 리가 없어요. 거기에 있는 건 경쟁뿐이지요. 이름을 남긴 화가들은 모두 그것을 뛰어넘었지요. 전통을 넘어서 독창성을 발휘하는 힘, 이것이야말로 우리에게 필요한 힘이 아닐까요?

이런, 너무 멀리 돌아왔네요. 다시 원래 이야기로 돌아가보지요. 부셰는 이탈리아에서 기초를 공부하고 프랑스 아카데미에서 솜씨를 갈고닦은 후 마침내 자신만의 화풍을 창조해냈습니다. 드디어 로코코 회화가 탄생한 것입니다. 부셰가 그린 로코코 회화의 대표작 〈퐁파두르 부인〉을 봅시다.

굉장히 우아하고 마치 순정만화처럼 예쁘고 아기자기한 분위기. 이것이 로코코의 특징입니다. 저는 로코코 회화를 보고 있으면 고민이 사라진다고 할까, 마냥 행복한 기분이 듭니다. 저처럼 만사태평하고 행복한 화풍을 좋아하는 사람이 의외로 많지요.

이 그림의 모델인 퐁파두르 부인은 루이 15세의 정부입니다. 그녀는 부셰의 그림을 좋아해 이 그림을 시작으로 많은 초상화를 의뢰합니다. 당시 이 그림의 모작이 많이 그려져 프랑스 곳곳에 나돌았다고 합니다. 아마 그 모작들은 프랑스 가정에 걸렸을 거예요. 그림 속 그녀의 머리 모양이 '퐁파두르'라는 이름으로 유행하기도 했지요. 이런 의미에서 그녀야말로 일반 가정집에 걸린 대형 브로마이드의 주인공인 원조 아이돌이라 할 수 있겠네요.

프랑수아 부셰, 〈퐁파두르 부인〉
1756, 독일 뮌헨 알테 피나코테크 소장

부셰가 그린 로코코 회화는 퐁파두르 부인뿐 아니라 프랑스 귀족들에게 큰 사랑을 받았습니다. 이 태평함은 아무리 생각해도 귀족 취향이지요. 퐁파두르 부인과 귀족들은 자기 집 벽을 로코코 그림으로 장식하고 랭스에서 가져온 샴페인으로 건배를 하며 호화로운 프랑스 요리를 즐겼던 거죠. 맞아요, 퐁파두르 부인은 샴페인을 무척 좋아했어요. 그래서 그 유명한 랭스의 와인 상인 클로드 모엣(Claude Moet)이 그녀에게 샴페인을 선물하기도 했습니다.

귀족들의 씀씀이가 이러했으니 나라 재정이 남아나지 않았겠지요. 루이 15세 때에 이르면 선대로부터 이어진 부채가 엄청나게 늘어나 이를 해결하기 위해 계속 새로운 세금을 만들어 냅니다. 당시 프랑스 재무장관이던 에티엔 드 실루에트(Étienne de Silhouette, 1709~1767)는 기상천외한 세금을 생각해내는데, 바로 공기세였습니다. '프랑스의 공기를 마시는 자는 세금을 내야 한다.' 이 어처구니없는 세금은 다행히 현실화되지는 않았지만, 그것이 진지하게 논의될 정도로 프랑스의 재정은 어려웠습니다.

하나 덧붙이자면, 공기세 논란으로 물러난 구두쇠 장관 실루에트는 비용이 많이 드는 초상화를 그리는 대신 검은 종이를 잘라 인물의 옆모습을 표현하는 저렴한 방법을 선호했다고 합니다. 그래서 사람 모양의 검은 그림을 '실루엣'이라 부르게 되었지요. 검은 실루엣을 보면 부디 프랑스의 재정난을 생각해 주시길…….

부셰가 퐁파두르 부인의 초상화를 그리고 실루에트가 사임한 18세기 후반, 프랑스에서는 귀족들과 가난한 평민들의 갈등이 심해졌습니다. 예술과 샴페인을 사랑한 귀족들의 생활비는 시민들이 낸 세금으로 충당되었습니다. 항상 뜯기기만 하는 시민들이 가만있을 리 없지요. 당시 프랑스 인구 비율을 보면 놀랍게도 왕족·귀족·성직자 등 특권층은 2%에 불과했습니다. 그들의 사치는 나머지 98% 시민들에 의해 유지되고 있었던 셈이죠.

이거, 이거, 시민들이 일어날 게 뻔하지요. 먹고살 수 없을 정도로 생활이 어려워진 시민들은 마침내 빵을 내놓으라며 분노를 터뜨립니다. 14세기 유럽에 흑사병이 퍼졌을 때는 감염되거나 가족을 잃었어도 분노할 대상이 없었습니다. 그래서 무리하게 유대인에게 죄를 뒤집어씌우거나 약자들을 대상으로 마녀사냥을 벌였지요. 16세기 종교 갈등이 일어났을 때 신교도들은 스페인 등 가톨릭을 강요하는 국가나 지도자를 향해 목소리를 높였습니다.

그에 비해 프랑스 시민들의 적은 명확했습니다. 그들의 불타는 분노가 향한 곳은 프랑스의 특권층이었습니다. 병도 아니고 종교도 아니고, 훨씬 생활에 밀접한 '돈'을 둘러싼 싸움. 그것은 프랑스 시민들을 난폭한 분노 속으로 몰아갔습니다.

다수의 시민이 소수의 특권층에 대해 들고 일어난 시민 혁명. 시민들은 특권층에 대한 분노를 표출하며 자신들에게만 희생을 강요하는 앙시앙 레짐(프랑스혁명 이전의 구체제) 타도에 나섰습니다. 그리고 이 혁명은 유럽 최초로 시민에 의해 왕과 왕비가 처형당하는 일로 이어지게 됩니다.

3

대중의 마음을 사로잡은 나폴레옹의 이미지 전략

영웅 나폴레옹의 과장된 초상화

프랑스는 정말 '복잡한' 나라인 것 같습니다. 늘 이웃 나라와 전쟁을 치렀고, 왕의 정략결혼도 많았고, 국민들의 자존심도 세고……. 그래도 프랑스에서 제일 유명한 인물을 물으면 누구나 '나폴레옹'을 꼽을 것 같아요. 이처럼 유명한 인물은 어느 곳에서도 찾아보기 힘들지요.

나폴레옹(Napoléon Bonaparte, 1769~1821)은 프랑스혁명 이후 공식 무대에 등장했습니다. 무거운 세금과 생활고에 시달리던 시민들은 왕 루이 16세와 왕비 마리 앙투아네트를 단두대에서 처형했습니다. 거기까지는 좋았습니다. 혁명을 일으킨 명분과 시민들의 기분도 어느 정도 이해할 수 있지요. 하지만 그들은 한 치 앞을 내다보지 못했습니다. 그들을 기다리고 있었던 것은 평화가 아니라 로베스피에르의 공포정치였습니다. 게다가 인근 나라들에서는 혁명이 번질까 우려해 대군을 파견해서 프랑스 혁명정부를 압박했습니다. 내부의 혼란과 외부로부터의 압력이 한꺼번에 혁명 후의 프랑스를 덮쳤습니다. 비록 왕의 목을 베었지만, 혁명정부는 갑작스러운 비상 상황에 맞닥뜨린 것이죠.

그런 혁명 후의 혼란을 해결한 사람이 나폴레옹입니다. 그는 거대하고 강력한 프랑스군을 이끌고 연전연승을 거듭했고, 오스트리아 황실의 마리 루이즈와 결혼함으로써 유럽 대륙 대부분을 차지하게 됩니다.

당대 화가 자크 루이 다비드(Jacques Louis David, 1748~1825)는 영웅 나폴레옹의 모습을 그렸습니다. 백마를 탄 참으로 용맹스러워 보이는 나폴레옹. 다비드 역시 프랑스의 격동기에 화가답지 않은 '용감한' 인생을 살았습니다. 그는 지나치게 열정적인 성격 탓에 정치에 깊이 관여해 투옥된 적도 있었지요. 성격 때문인지 시대적 배경 때문인지 매우 활발하게 정치 활동을 했습니다. 그로 인해 나폴레옹 재위 중 황제의 마음에 들어 화가로서 승승장구했지만, 나폴레옹이 몰락한 후에는 자리를 잃고 벨기에로 망명해 다시는 프랑스로 돌아갈 수 없었습니다.

다비드는 부셰와 친척이었어요. 그 때문은 아니었지만 처음에는 다비드도 로코코 풍의 그림을 그렸습니다. 그러나 이탈리아행을 계기로 신고전주의라 불리는 직선적이고 딱딱한 그림을 그리게 됩니다.

혁명 이후, 로코코 회화의 인기는 급격히 하락했습니다. 눈앞의 적이었던 귀족들이 좋아했다는 이유였죠. 중이 미우면 가사도 밉듯이, 귀족이 미우니 로코코도 미워졌겠지요. 그런 로코코 대신 다비드의 특기인 신고전주의 회화가 유행하기 시작합니다. 이것은 또다시 그리스·로마로 돌아가는 회귀 현상이었습니다.

흑사병 이후 탄생한 르네상스도 그렇지만, 사회적 혼란이 일어나 전환기가 되면 이상하게도 예술계에서는 고전으로 회귀하는 현상이 일어납니다. 그러고 보니 비즈니스계에서도 비슷한 현상을 볼 수 있네요. '앞이 보이지 않을 때는 역사에 묻는' 것이 업계를 불문한 방법론인가 봅니다.

〈알프스산맥을 넘는 나폴레옹〉은 다비드가 나폴레옹의 주문을 받아 그렸습니다. 실제 나폴레옹은 나귀를 타고 알프스산맥을 넘었는데 다비드가 일부러 백마로 바꾸어 웅장하고 다이내믹한 그림에 이른 것입니다. 나폴레옹은 다비드에게 이 그림을 여러 점 그리게 해서 여기저기에 걸어두었다고 합니다. 나폴레옹의 교묘한 이미지 전략이었던 것이지요.

자크 루이 다비드, 〈알프스산맥을 넘는 나폴레옹〉
1801년, 루브르 미술관 소장

나폴레옹, 회화를 공공재화하다

프랑스혁명 후의 혼란기에 황제에까지 오른 나폴레옹, 그는 원래 코르시카섬 출신의 군인이었습니다. 그는 사단 편성을 시작으로 그때까지 없던 참신한 전략과 전술을 구사하며 차례차례 적을 물리쳤습니다. 그리고 마침내 점령한 이탈리아와 스페인, 네덜란드 등 예술품들이 지천으로 널린 나라들. 예술을 사랑하는 프랑스가 보고만 있을 리 없었겠지요. 프랑스군은 값진 회화와 조각 등을 부지런히 파리로 가져갑니다. 이렇게 약탈해온 다른 나라의 미술품을 아직 궁전으로 사용 중이던 루브르에 보관했습니다. 이렇게 전쟁의 혼잡 속에서 유럽 각지의 내로라하는 미술품이 프랑스로 유입되었습니다.

눈에 띄는 것은 그 후 나폴레옹이 이 미술품들을 처음으로 시민들에게 공개했다는 것입니다. 미술관에 가면 그림이나 조각 작품을 볼 수 있는 건 당연한 일이지만 그건 오늘날의 얘기지요. 앞에서도 말했듯, 회화는 왕, 귀족, 교회 등의 사적 소유물이었기 때문에 아무나 볼 수 있는 게 아니었습니다.

다비드가 주도해 루브르 궁전을 미술관으로 개조해 일반 시민들에게 개방했습니다. 이때부터 회화는 사적 소유물이 아닌 공공재로서의 성격을 갖게 되었습니다. 이것은 미술사에서 매우 중대한 전환점이었습니다. 이건 나폴레옹이 대중의 마음을 사로잡는 홍보 전략이 아니었을까요? 군인을 시작으로 정치가, 외교관을 지낸 나폴레옹에게는 혁명 이후 혼란에 휩싸여 무엇이든 의심하는 대중을 자기편으로 만드는 것이 무엇보다 중요했습니다. 이럴 때 특권층의 소유였던 미술품을 대중에게 개방한다고 선언하면, 대중은 '나폴레옹은 우리 편이야' 하며 눈에서 하트를 발사하겠지요.

루브르 미술관은 한때 '나폴레옹 미술관'으로도 불렸습니다. 요즘 말하는 명명권(naming rights)의 원조일 거 같네요. 이런 것들을 보면 당시 나폴레옹이 대중의 마음을 얻기 위한 자기 홍보를 얼마나 잘했는지 알 수 있습니다. 이렇게 말하니 나폴레옹이 무슨 광고맨 같지만, 가난과 혼란으로 지친 민중들을 어떻게 위로할까 진지하게 고민한 면도 있지 않았을까요? 그리고 돈이나 명예뿐 아니라 문화가 가진 힘에도 주목한 것이죠.

어쨌든 이 루브르의 일반 공개 기획은 대박이 났습니다. 당시 의지할 것 없이 불안해하던 많은 사람이 감동하고 힘을 얻었다고 합니다. 예술은 사람을 긍정적으로 만드는 힘이 있지요. 게다가 소문으로만 듣던 그림들을 실제로 보았으니 그 감동은 컸으리라 생각됩니다.

이제 미술관이 된 루브르에서는 어른뿐 아니라 화가를 꿈꾸는 아이들도 눈을 반짝이며 그림을 감상했습니다. 그중에는 향후 미술사를 바꾸게 될 아이들도 있었지요. 어쩌면 귀족들이 만든 아카데미보다 나폴레옹이 개방한 루브르 미술관이 훨씬 더 뛰어난 교육기관이었는지도 모르겠네요.

도시에서 시골로 돌아간 농민 화가

"루브르 미술관에 가려면 어디로 가야 하죠?"

길을 잃어 사람들에게 루브르 가는 길을 묻는 노르망디에서 온 시골뜨기. 그는 사투리가 심해서 길을 묻는 것도 쉽지 않았습니다. 화가의 꿈을 안고 파리 아카데미에 입학했지만, 동료들은 키가 2미터가 넘는 그를 '숲 사나이'라 부르며 놀렸죠. 그의 이름은 장 프랑수아 밀레(Jean-François Millet, 1814~1875). 시골 출신이지만 일찍부터 붓으로 실력을 발휘했습니다. 그림 그리는 데는 키고 말이고 상관없지요. 그는 사람들에게 인정받으며 젊은 시절부터 평판이 자자했습니다.

그랬던 그가 도시 생활에 지쳤는지, 아니면 당시 파리에 유행하던 콜레라 감염을 피하려던 것인지 파리를 떠나 교외의 바르비종으로 이사합니다. 밀레는 자신이 동경하던 이탈리아가 아니라 자연이 풍요롭게 펼쳐진 농촌의 공기에 눈을 뜨고 바르비종에서 수많은 명작을 그리기 시작합니다.

〈만종〉에는 황혼 녘에 기도하는 부부의 모습이 그려져 있습니다. 그림을 보고 있으면 왠지 모를 따뜻함이 전해져오는 것 같습니다. 교회의 종소리를 듣고 기도하고 있으니 이 그림은 종교화라 할 수 있습니다. 하지만 흔히 볼 법한 이탈리아의 종교화와는 분위기가 전혀 다릅니다. 땀 흘리며 일하는 사람들이 중심이 된 그림, 거기에서 밀레의 '신념'이 느껴집니다.

밀레는 이외에도 〈이삭 줍는 사람들〉, 〈씨 뿌리는 사람〉 등

장 프랑수아 밀레, 〈만종〉
1857~1859년, 오르세 미술관 소장

농민들이 노동하는 모습을 그림으로 남겼습니다. 밀레의 그림은 농민의 일상을 담았을 뿐이지만, 노동의 고귀함과 삶의 기쁨으로 가득 차 있습니다. 혁명 이후 프랑스 정부는 재정난을 극복하기 위해 농민에게 토지를 불하했습니다. 작은 규모의 토지 매매가 이루어지면서 작은 농지를 사서 경작하는 소농이 많이 생겨났지요. 밀레가 그린 사람들이 바로 그들이었어요.

그 무렵, 프랑스의 숙적인 영국에서는 산업혁명으로 공장의 대규모화가 거침없이 이루어지고 있었습니다. 영국에서 산업화가 진행될 때 프랑스인들은 농지나 갈고 있었다고 생각할 수 있지만, 무시해선 안 됩니다. 프랑스에서는 농업이 발전하면서 질 좋은 식재료를 생산할 수 있었고, 이는 다채로운 요리법과 만나 세계에서도 손꼽히는 미식의 나라를 탄생시켰죠. 또 영국의 대량 생산과는 반대로 생산 규모가 작은 제조업이 생겨났는데, 이것이 분야별 전문 제조업체로 발전하면서 개성 있고 매력적인 브랜드들이 탄생합니다. 이른바 명품이라 불리는 카르티에, 루이비통, 에르메스 등이 그것입니다.

남들과 다른 길을 걸은 밀레처럼 프랑스인들의 '고집'은 엄선된 뛰어난 상품으로 전 세계 팬들의 마음을 사로잡고 있습니다.

프랑스 회화의 역사를 돌아볼 때 가장 중요한 시기 구분의 기준은 프랑스혁명입니다. 미술사에서는 보통 혁명 이전을 로코코, 혁명 이후를 신고전파로 나눕니다. 혁명 이후 루브르 미술관을 일반인에게 개방한 일은 의의가 큽니다. 이를 계기로 공공재로서의 미술·미술관이라는 인식이 생겨났으니까요.
자, 이어서 프랑스의 유명 화가들을 만나러 가볼까요? 누구나 다 아는 화가들의 의외의 모습에 놀라게 될지도 모릅니다!

ROOM 5

반항으로 새로운 시장을 개척한 프랑스

Guide to the Room 5

이번에는 나폴레옹 시대 이후의 프랑스로 가볼까요? 여기에서 인상파 화가들이 등장합니다. 모두가 알고 있는 마네, 모네, 르누아르 등 인상파 화가들은 놀랍게도 거의 비슷한 세대입니다. 이들은 서로 어울리면서도 경쟁심을 불태웠습니다. 그 경쟁심이 인상파 회화를 발전시켰지요. 인상파 화가들의 활동을 이해하려면 프랑스 미술계의 아카데미와 살롱 시스템을 알아야 합니다. 프랑스혁명 이후에도 이 권위적이고 보수적인 체제는 계속 유지되었고, 청년들의 반발을 불러일으켰지요. 동 세대 화가들 간의 절차탁마, 기존 권위에 대한 반발, 그리고 루브르 미술관 일반 공개까지 더해져 프랑스 회화의 새로운 흐름인 인상파가 탄생한 것입니다. 이와 동시에 예술 후원자들도 변화하죠. 드디어 미술은 종교로부터 멀어져갑니다. 이제 프랑스 미술의 운명은 어떻게 될까요? 이번 프랑스 투어는 프랑스와 인연이 깊은 이탈리아에 관한 이야기로 시작합니다.

1

반항아가 후배 화가들에게 보인 모범

프랑스가 이탈리아로부터 되돌려받은 선물

여러분 '스페인 독감'이라고 들어보셨지요? 제1차 세계대전 때 세계적으로 유행한 감염병입니다. 그런데 이 전염병은 스페인에서 시작된 게 아닙니다. 감염원으로 이름을 지어야 한다면 '미국 독감'이라 해야 합니다. 미국 캔자스주 육군 기지의 병원에서 병사들이 차례차례로 발병했고, 그들이 유럽 전투에 참전하면서 감염이 확산되었으니까요.

바이러스가 퍼져나간 큰 이유는 전쟁에 참여했던 나라들이 자국 병사들의 감염 사실을 숨겼기 때문입니다. 자국군이 얼마나 많이 사망했는지 적에게 알려지면 안 되었지요. 이때 정확

한 감염자 정보를 공개하고 시민들에게 주의를 호소한 나라가 스페인이었습니다. 정직했기 때문에 스페인 독감이라는 이름이 붙었으니 억울한 이야기지요.

이와 비슷한 일이 1494년 프랑스의 공격을 받은 이탈리아의 나폴리에서도 일어났습니다. 그때 발생한 병은 '프랑스 병'이라고 불리는 성병이었습니다. 1494년은 앞에서도 살펴봤듯이 메디치 은행이 파산한 해이지요. 이해에 이탈리아는 재난의 연속이었어요.

프랑스 왕 샤를 8세는 유럽 전역에서 용병을 모집해서 나폴리로 향했습니다. 이 전쟁은 이렇다 할 성과도 없이 끝났지만,

프랑스 병사들은 이 전쟁에서 터무니없는 '선물'을 가지고 돌아왔습니다. 바로 매독이었습니다. 유럽 곳곳에서 모인 용병들이 전쟁이 끝나고 고국으로 돌아가면서 이 병은 폭발적으로 확산되었고, 각 나라는 서로 책임을 떠넘기기 시작했습니다.

이탈리아와 프랑스는 서로 프랑스 병이네 이탈리아 병이네 하고, 포르투갈은 스페인을 탓하며 스페인 병이라 부르고, 독일은 폴란드 병이라 하며 자신들이 싫어하는 나라의 이름을 갖다 붙이며 책임을 회피했습니다. 결국 전쟁을 일으킨 나라의 이름을 따서 '프랑스 병'이라 불리게 되었는데, 당연히 프랑스인들은 화를 냈지요.

20세기에 이르러 매독 치료제가 등장했지만, 그때까지 이 병은 수백 년 동안 많은 유럽인을 괴롭혔습니다. 매독은 흑사병이나 다른 역병과 달리 좀처럼 단기간에 종식되지 않았습니다.

감히 불길을 노린 반항아 마네

16세기에 폭발적으로 확산된 매독은 유행이 가라앉은 후에도 호색가들을 떨게 했습니다. 그럼에도 용감한 건지 어리석은 건지 젊은 남성들은 뻔질나게 창부를 찾아갔습니다. 다만 그들에게도 이유가 있었으니, 어엿한 어른이 되기 전에는 안 된다며 부모들이 결혼을 반대하는 경우가 많았기 때문이지요.

창가 중에는 교회에서 운영하던 곳도 있었습니다. 상속으로 인한 재산 유출을 막기 위해 가톨릭교회가 성직자의 결혼을 금지함으로써 성직자들은 평생 독신으로 살아야 했습니다. 그들의 외로움을 달래기 위해 창가가 필요했던 거예요. 이런 이유로 어느 도시에나 창부가 있었지만, 특히 로마에는 그 수가 엄청났습니다. 유럽 각지에서 부유한 남자들이 예술을 배우려고 로마로 몰려들었으니, 분명 수요가 많았겠지요. 큰 이벤트가 열리는 곳에는 항상 창부들이 있었고, 밤에는 술을 마시며 흥겨운 잔치가 벌어졌습니다.

창부는 프랑스의 귀족, 예술가 들과도 깊은 관계가 있습니다. 귀족 중에는 고급 창부를 두고 사치에 빠지는 자들이 있었는데, 이상하게도 그들에게는 그게 자랑이었어요. 또 젊고 가난한 화가들은 창부들을 모델로 고용했지요.

이런 와중에 창부가 주인공으로 등장한 그림이 에두아르 마네(Edouard Manet, 1832~1883)의 〈올랭피아〉입니다.

그림 제목이기도 한 '올랭피아'는 당시 창부들을 통칭하는 이름이었습니다. 당시 여성 누드는 신화나 종교에 관한 주제를 그릴 때만 허용되었기 때문에, 〈올랭피아〉는 사회에 대한 명백한 '반항'이었어요. 예상대로 엄청난 반발을 불러일으키며 혹평을 받았지요.

도대체 이 그림의 무엇이, 어디가 반항인지 지금의 우리로서는 이해할 수 없습니다. 창부를 그리는 일이 그렇게 중대한 잘못인지도 모르겠고요. 이 그림이 비난을 받은 이유는 일반

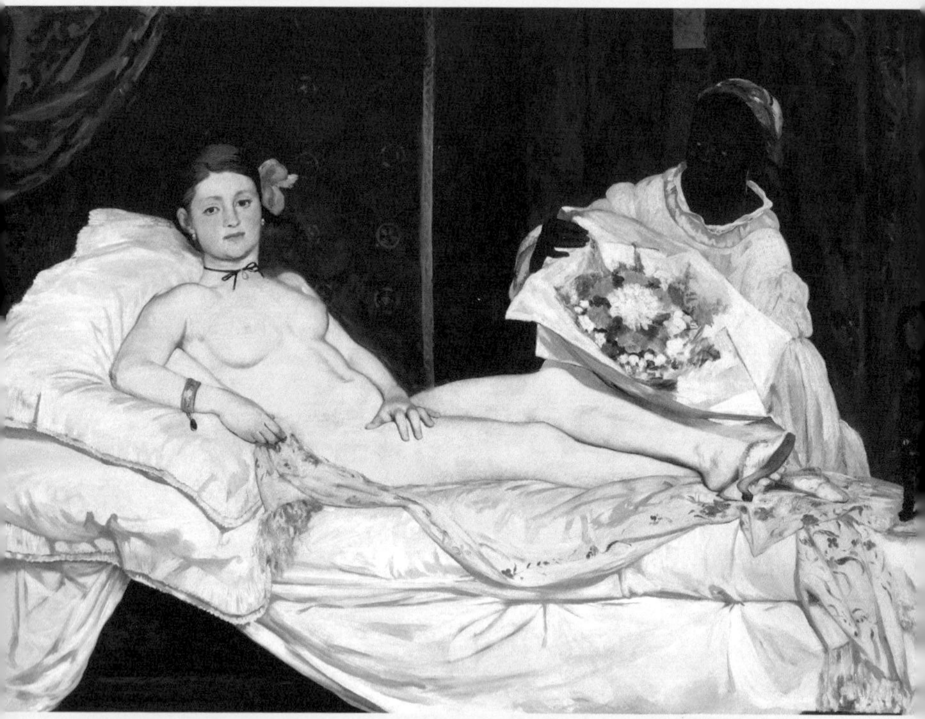

에두아르 마네, 〈올랭피아〉
1863년, 오르세 미술관 소장

여성의 누드를 그렸다는 것 외에 당시 창부가 프랑스 병의 원인으로 지목되고 있었기 때문입니다.

유럽의 역사를 보면 어떤 불행이 닥치면 항상 남 탓을 합니다. 중세에는 기근과 천재지변이 일어나면 마녀 탓을 했고, 흑사병이 돌자 유대인을 탓했습니다. 프랑스 병도 문란한 창부들 탓이라는 인식이 퍼져 있었죠. 아무리 생각해도 그녀들의 탓은 아니지만, 매독에 걸린 남성들은 그 괴로움을 창부 탓으로 돌렸던 거예요. 분명 미술계에도 매독에 걸린 사람이 있었을 겁니다. 자신들에게 병을 옮긴 '범인'을 떡하니 그려놓았으니, 자신들을 겨냥한 터무니없는 이 그림을 반역이라 생각한 것입니다.

사실 이 그림을 그린 마네도 매독에 걸려 있었어요. 아무래도 젊은 혈기 탓이었던 모양이에요. 말년에 괴저로 왼 다리를 절단하는 등 괴로워하다 51세의 나이로 사망합니다. 매독에 걸리지 않았다면 더 많은 그림을 그렸을 텐데 정말 아쉽습니다.

하지만 마네는 보수적인 기성 미술계의 화를 돋우는 한편, 후배들에게 '반항은 이렇게 하는 거다'라며 본보기를 보여주었죠. 그런 의미에서 마네는 후배들이 동경하는 반항아였답니다. 공부 잘하는 반항아 선배라니, 동경할 만하지요?

마네 형님을 흠모한 후배 화가들

마네는 부유한 부르주아 집안에서 태어났어요. 하지만 전례나 권위를 따르는 것을 싫어했습니다. 〈올랭피아〉는 베네치아의 거장 베첼리오 티치아노(Vecellio Tiziano, 1490?~1576)의 그림에서 발상을 얻었습니다. 하지만 마네는 티치아노를 모방하면서 독자적인 시점과 기술을 더했죠. 심지어 비난을 두려워하지 않는 자세로 말이죠.

티치아노가 그린 로마 신화의 비너스가 마네의 그림에서는 창부로 바뀌었습니다. '창부야말로 파리의 비너스지!' 하며 마네의 도발적인 웃음소리가 들리는 듯하네요. 그림 실력도 실력이지만 이런 도전하는 자세가 후배들에게 큰 영향을 미치지 않았을까요? 그런 마네 형님에게 강한 영향을 받은 화가들이 있었습니다. 바로 클로드 모네(Claude Monet, 1840~1926), 프레데리크 바지유(Frédéric Bazille, 1841~1870), 피에르 오귀스트 르누아르(Pierre Auguste Renoir, 1841~1919), 그리고 베르트 모리조(Berthe Morisot, 1841~1895)입니다.

여성이 직업을 갖는 것을 생각할 수 없던 당시, 모리조는 부모의 반대를 무릅쓰고 화가가 되려 합니다. 어릴 적부터 루브르 미술관에 가서 유명한 그림들을 모사했지요. 루브르 미술관이 일반인에게 개방된 것은 그녀에게 행운이었습니다. 모리조도 다른 동년배 화가들과 같이 마네를 따랐습니다. 〈제비꽃 장식을 한 여인, 베르트 모리조〉는 마네가 〈올랭피아〉를 그리고

베첼리오 티치아노, 〈우르비노의 비너스〉

1538년경, 우피치 미술관 소장

에두아르 마네, 〈제비꽃 장식을 한 여인, 베르트 모리조〉
1872년, 오르세 미술관 소장

10년이 지나서 그린 것입니다. 인생의 후반기에 접어든 마네, 어떤 생각으로 이 그림을 그렸을까요?

마네와 모리조는 연인 관계였다는 설이 있지만, 증거는 없습니다. 마네가 이 그림을 그린 직후 모리조는 마네의 동생 외젠과 결혼합니다. 이 의심스러운 관계에 대해 많은 의문과 설이 있지만, 모든 것이 수수께끼로 남아 있어요. 두 사람이 이어지지 못한 이유가 마네의 병 때문이 아니었을까 짐작해봅니다. 어디까지나 제 상상이지만, 이 그림에 모리조에 대한 마네의 애정이 넘치는 듯해서 무심코 쓸데없는 상상을 해버렸네요.

2

가난한 화가들, 자유로운 영혼의 행방

프랑스 미술계에 등장한 문제아들

여러분은 혹시 클래식 음악을 좋아하나요? 사실 저는 잘 몰라요. 최근에야 흥미가 생겼죠. 초등학교 음악 수업 때 억지로 클래식 음악을 듣고 연주해야 해서 싫어졌던 것 같아요. 그래도 음악은 좋아해서 중학생 때부터 록 음악에 빠졌답니다. 부모님과 선생님이 말릴 정도로요. 고등학생 때 아르바이트를 해서 전자 기타를 사기도 했는데, 그때는 정말 즐거웠어요. 만약 학교에서 클래식 음악 대신 록 음악을 가르치고 기타 연주로 시험을 보게 하면 아이들이 클래식 음악을 좋아하지 않을까요?

물론 농담이지만 완전히 농담이라고 할 수만은 없겠네요. 저처럼 학교의 가르침에 반발한 사람이 마네이고, 모네, 바지유, 르누아르였거든요. 모네와 바지유, 르누아르는 인상파 화가로 유명하지만, 당시 인상파의 그림은 클래식에 대항하는 로큰롤 같은 존재였습니다.

프랑스가 이탈리아를 따라잡기 위해 설립한 왕립 회화 및 조각 아카데미 기억하지요? 프랑스혁명 때 잠시 폐지되었다가 그 후 부활해서 현재에 이르고 있어요. 루브르 미술관에서 센 강을 건너 도보로 30분 정도 거리에 아카데미가 있지요.

혁명 이후에도 아카데미와 아카데미에서 운영하는 살롱은 여전히 보수적이었습니다. '고전이 곧 회화다'라고 믿는 고지식한 선생들이 아카데미의 위원 자리를 차지하고 있었지요. 선생님이 시키는 대로 그리는 착한 학생들이 있다면, 반항하는 학생도 있기 마련이죠. 그중 한 명이 마네였습니다. 아카데미에서 여는 살롱에는 참가했는데, 출품한 작품이 〈올랭피아〉였던 겁니다.

그런데 시간이 좀 지나자 '이런 수업 따위!' 하며 아예 수업을 땡땡이치는 학생들이 나타납니다. 제가 지금부터 소개할 화가들이죠. 그런데 흥미로운 것은 그렇게 말썽을 일으킨 학생들이 아름다운 그림을 그렸다는 점입니다.

모네, 바지유, 르누아르는 파리에서 그림 공부를 했지만, 고전이나 전통을 중시하는 풍조에 반발해 자신들만의 길을 걷기 시작합니다. 원래 화가라는 게 배고픈 직업인데, 미술계의 권력에 등을 돌렸으니 돈 벌기가 더욱 힘들었지요. 그들은 젊은 시절을 가난 속에서 보내야 했죠.

그런 가난한 화가들의 소일거리가 교외에 나가 그림을 그리는 것이었습니다. 당시 파리에서는 기차를 타고 교외로 여행을 가는 것이 유행했는데, 모네는 피서 온 사람들을 그림으로 그렸어요. 〈라 그르누이에르〉도 그중 하나입니다.

모여 있는 사람들의 모습도 평화롭고 즐거워 보이지만, 그보다 더 눈에 띄는 것은 수면입니다. 모네는 물감을 섞지 않고 색을 찍어 그리는 새로운 화법으로 수면을 표현했습니다. 파란색과 흰색, 점처럼 찍힌 물감이 보는 사람의 눈에서 섞여 반짝이는 수면으로 보이는 것이지요. 인상파 화가들은 이 필촉분할(divisinoism) 기법을 통해 순간의 아름다움을 표현할 수 있게 되었습니다. 필촉분할로 그려진 그림은 가까이서 볼 때와 멀리서 볼 때 느낌이 전혀 다르니, 여러분도 미술관에서 꼭 경험해보세요!

이렇게 아름다운 그림을 그린 모네지만, 가난한 처지에 씀씀이가 헤퍼서 집세와 밥값조차 낼 수 없는 지경에 이릅니다. 그를 보다 못한 친구 바지유가 모네를 도와주기로 합니다. 모

클로드 모네, 〈라 그르누이에르〉
1869년, 메트로폴리탄 미술관 소장

프레데리크 바지유, 〈병상의 모네〉
1865년, 오르세 미술관 소장

네의 자존심과 체면을 지켜주기 위해 "자네 그림을 할부로 사겠네" 하고 매달 돈을 지급했습니다. 또 모네가 다리를 다쳐 우울해할 때 거동이 힘든 그를 모델로 그림을 그려주었어요. 이건 화가들만이 할 수 있는 위로 같네요.

이들의 우정 이야기는 정말 훈훈합니다. 특히 바지유는 좋은 친구였어요. 하지만 두 사람의 우정과 삶을 바꿔놓을 일이 다가오고 있었지요. 파리 사람들이 한가롭게 교외를 여행하던 그때, 이웃나라 프로이센은 프랑스와의 전쟁을 위한 철도를 건설하고 있었습니다. 프로이센의 철도, 그중에서도 주요 노선은 동서로 건설되었습니다. 그 너머에는 파리가 있었지요. 전쟁이 시작되면 프로이센군은 재빨리 프랑스로 향할 준비를 하고 있었던 것입니다.

보불전쟁이 일어난 때는 모네가 〈라 그르누이에르〉를 그린 이듬해인 1870년. 모네와 친구들도 이 전쟁에 휘말렸습니다. 신혼이었던 모네는 병역을 피해 런던으로 도망쳤지만, 바지유와 르누아르는 참전했습니다. 전쟁 중 이질에 걸린 르누아르는 간신히 목숨을 건져 파리로 돌아왔지만, 바지유는 안타깝게도 적의 총탄을 피하지 못하고 전쟁터에서 사망했습니다. 향년 28세, 상냥하고 용감했던 프레데리크 바지유의 죽음은 너무 일렀습니다. 더 오래 살았다면 모네와 르누아르 못지않게 유명해졌을 거예요.

자유를 내세운 제1회 그룹 전시의 행방

자유롭게 그림을 그리려면 불특정 다수에게 그림을 팔아 돈을 벌어야 했습니다. 1874년 모네와 르누아르 등 화가들은 자신들의 그림을 이해하고 좋게 평가해주는 미술상들의 지원을 받아 자신들만의 전시회를 열었습니다.

당시는 지금처럼 누구나 자유롭게 전시회를 기획하거나 열 수 있는 시대가 아니었습니다. 전시 장소를 물색하고, 그림을 골라 배치하고, 홍보를 하는 등 익숙하지 않은 모든 일을 화가가 직접 해야 했습니다. 그래도 그들은 '우리의 그림을 자유롭게 선보이자!'라며 동료들을 모으기 시작했습니다. 모네, 르누아르, 카미유 피사로, 에드가 드가 등이 발기인으로 나서고, 베르트 모리조와 폴 세잔 등이 참가했지요.

하지만 이 젊은 화가들의 전시회에 마네는 참가하지 않습니다. 그룹 전시에 참가했다가는 다시는 살롱으로 돌아갈 수 없을 테니까요. 사실 그는 살롱전 출품을 고집했어요. 살롱이라는 적진을 떠나지 않고 안쪽에서 부수어나갔던 거죠.

아카데미와 살롱 밖에서 그에 저항하는 형식으로 개최된 젊은 화가들의 첫 번째 전시! 이 전시회로 자신들의 그림이 세상에 알려진다면 주머니 사정도 나아질 것입니다. 그러면 더 좋은 그림을 그릴 수 있겠지요. 이 자유를 향한 화가들의 싸움, 이 기념할 만한 전시회의 결과는 어땠을까요? 취지가 무색할 만큼 참패했습니다.

3

돈 버는 것과 그림 그리는 것

참패했어도 결코 기죽지 않는 반항아들

바지유가 전사한 보불전쟁에서 프랑스는 프로이센에 뼈아픈 패배를 당합니다. 프로이센은 이 승리로 독일제국을 완성했지만, 프랑스에서는 또다시 정치·경제적 혼란이 이어집니다. 그 와중에 열린 제1회 그룹 전시도 패배의 아픔을 피하지 못했습니다.

이 전시회가 열리고 나서 그들은 '인상파'라고 불리게 되었습니다. 하지만 그들의 그림이 마음에 들어서 붙인 이름은 절대 아니었지요. 사실 이 말은 전시된 모네 그림을 조롱하는 말이었습니다. 한 평론가가 낙서가 더 낫다며 대충 그린 '인상

(impression)'이라고 신랄하게 비판했어요. 모네는 이 평론가가 비아냥거리며 쓴 '인상'이란 말을 그림 제목에 추가했고, 그때부터 인상파는 이 화가 그룹을 부르는 말이 되었습니다.

제1회 그룹 전시는 모네, 르누아르, 피사로, 드가 등이 중심이 되어 조직한 무명 예술가 단체에서 개최한 것입니다. 단체는 참가자들로부터 받은 출자금과 매상의 10%로 운영되었습니다. 반항아들이 모인 것치고는 착실해 보이네요. 단체 운영은 르누아르가 담당했어요. 전시회장의 그림 전시도 그가 맡았는데, 처음에는 여럿이 같이했지만 모두 질려서 도망가버렸다고 해요. 하기 싫은 회계 관리에 그림 전시까지, 참 안쓰럽습니다.

르누아르의 노력에서 불구하고 그림은 거의 팔리지 않았습니다. 혹평만 받았을 뿐 완전 적자였습니다. 조롱과 헛수고, 적자……. 하지만 누구 하나 낙담하지 않았습니다. 전시회 대표 주최자 중 한 사람이었던 피사로는 친구에게 보내는 편지에 전시회에 대해 이렇게 썼습니다. "이제 미래는 없을지도 모르네. 하지만 다시 시작해야 한다면 주저 없이 같은 길을 갈 것이네." 그들은 정말이지 강인했습니다.

'인상파'라는 이름을 낳은 모네의 〈인상, 해돋이〉에는 영국 해협을 접하고 있는 르아브르의 항구가 그려져 있습니다. 눈을 돌리면 저 멀리 연기를 내뿜는 공장의 굴뚝, 영국보다 조금 늦었지만 프랑스에서도 밝아오던 19세기 공업화의 여명을 볼 수

클로드 모네, 〈인상, 해돋이〉
1872년, 마르모탕 모네 미술관 소장

있습니다.

인상파의 제1회 그룹 전시는 실패로 끝났지만, 그들은 굴하지 않고 전시를 계속합니다. 그리고 싶은 그림을 그리겠다는 그들의 자신만만한 도전 또한 해 뜨기 직전의 새벽을 맞고 있었습니다.

부르주아 고객을 만족시킨 마케팅 정신

모네가 그린 공장의 모습에서 알 수 있듯이, 19세기 후반 프랑스에서는 공업화가 진행 중이었습니다. 그중에서도 섬유 산업에서 기성복 산업이 약진해 하청을 포함한 일대 산업을 이루었지요.

그즈음 등장한 것이 그리제트입니다. 그리제트는 잿빛 작업복을 입은 젊은 여공을 부르던 말입니다. 섬유 산업이 성장한 파리에서는 그와 관련된 하청·부업 일이 많았고, 지방 출신의 젊은 그리제트들이 그 일을 맡아 했습니다. 그들은 대부분 좁은 다락방에 살며 궁핍한 생활을 했습니다. 이들은 화가의 모델이나 애인이 되기도 했어요.

그리제트는 당시의 소설 작품 등에 자주 등장하는데, 행실이 좋지 않은 여성으로 묘사될 때가 많았습니다. 하지만 그 배경에는 빈곤 문제가 있었지요. 빠르게 산업화가 진행되던 시대, 모두가 행복한 것은 아니었습니다. 특히 여성들은 고용이 보장되지 않아서 고용자의 사정에 따라 쉽게 해고되었고 직장을 잃고 창부로 전락하는 그리제트가 많았어요.

하루하루를 살아내는 것에 쫓겨 미래가 보이지 않는 생활. 그 불안감을 떨쳐버리려는 듯 젊은 남녀는 몽마르트르 술집에서 만나 사랑을 이야기하고 주말이면 교외로 소풍을 갔습니다. 인상파의 그림에서 이런 젊은 남녀의 모습을 많이 볼 수 있죠. 예를 들면 르누아르의 〈선상 파티에서의 오찬〉의 행복한 분위기는 어떤가요? 일상에 지친 사람들이 주말을 즐기는 풍경이 보는 사람까지 기분 좋게 합니다.

인상파 중에서도 인물을 가장 잘 그렸던 르누아르! 사과나 산 풍경만 그리던 세잔과는 매우 대조적이었습니다. 같은 인상파라도 화가마다 성향이 매우 달랐던 것이지요.

그런데 그런 르누아르가 조금씩 동료들과 거리를 두기 시작했습니다. 인상파 화가들은 1874년 개최한 첫 번째 전시회 이후에도 계속 그룹 전시를 열었지만, 르누아르는 1879년 살롱으로 복귀해 〈샤르팡티에 부인과 아이들의 초상〉을 출품했습니다. 이 작품으로 르누아르는 세간에 이름을 알리게 됩니다.

인상파 반항아들 가운데 가장 빨리 출세한 이가 르누아르였어요. 노동자 계급 출신이었던 그는 일부러 동료들과 거리를 두고 살롱에서 인기 있는 인물화를 그려 상업적으로 성공을 거두었죠. 〈샤르팡티에 부인과 아이들의 초상〉에서는 그림을 주문한 샤르팡티에 부인을 만족시키기 위해 애완견과 이국적인 인테리어, 보석 등을 그려 넣었습니다. 이 초상화에는 이제 종

피에르 오귀스트 르누아르, 〈선상 파티에서의 오찬〉
1881년, 필립스 컬렉션 소장

피에르 오귀스트 르누아르, 〈샤르팡티에 부인과 아이들의 초상〉
1878년, 메트로폴리탄 미술관 소장

교성이라고는 전혀 느껴지지 않습니다. 그저 부르주아 고객을 만족시키기 위한 마케팅 정신만 있을 뿐입니다.

먹고살려면 어쩔 수 없다고 체념한 르누아르였지만, 역시 오래 버티지 못합니다. 반항심 넘치는 이 화가는 더는 자신의 영혼을 팔지 않았습니다. 그는 깊은 고민 끝에 40세에 처음으로 이탈리아 여행을 결심합니다.

르누아르가 내놓은 하나의 답

사람은 고민이 많아지면 여행을 떠나게 되나 봅니다. 르누아르는 뒤늦게 로마와 피렌체, 폼페이 유적이 있는 나폴리를 돌며 재충전의 시간을 가졌습니다. 그런데 이 여행에 동행한 여성이 있었습니다. 르누아르와 결혼하게 될 그리제트, 알린이었습니다.

르누아르는 원래 인기가 많아서 얼마나 아름다운 여자와 결혼할지 동료들의 궁금증을 불러일으켰습니다. 그런데 르누아르가 결혼 상대로 선택한 여성은 생활력 강하고 건강미 넘치는 알린이었지요. 그의 선택에 동료들도 놀랐다고 합니다. 이탈리아 여행은 르누아르에게 연구를 위한 여행인 동시에 알린과의 신혼여행이던 것입니다(이 사실은 나중에 알린이 밝혔습니다).

40세에 떠난 첫 이탈리아 여행과 원기 왕성한 알린과의 결혼으로 르누아르의 그림은 변하기 시작합니다. 그러고 보니 친구 모네도 베네치아를 여행하고 돌아와 지베르니로 이사한 후

피에르 오귀스트 르누아르, 〈알린 샤리고의 초상〉
1885년경, 필라델피아 미술관 소장

죽을 때까지 그곳을 떠나지 않았네요. 그때까지 프랑스 미술계에서는 젊을 때 이탈리아에 다녀오는 것이 전통이었습니다. 하지만 이 두 인상파 화가는 만년에 이탈리아행을 선택했습니다. 조금은 그 기분을 알 것 같아요. 젊을 때 대단한 것들을 너무 많이 접하면 그 영향에서 벗어날 수 없게 됩니다. 렘브란트도 그랬지만, 르누아르와 모네 역시 일부러 젊은 시절 이탈리아에 가지 않은 것 같아요. 물론 가난해서였을 수도 있지만, '나는 다른 길을 걷겠어' 하는 반발심이 있었을 거예요.

개성 넘치는 두 사람이 시작한 인상파 전시회는 1886년 8회까지 이어집니다. 이 전시회에서 오늘날 프랑스가 자랑하는 화가가 다수 탄생했지요. 마네 형님이 씨를 뿌리고, 모네와 르누아르, 바지유 등이 소중히 키운 초목이 다음 세대 화가들에 의해 차례로 꽃을 피웁니다. 모네의 필촉분할은 후기 인상파 화가들에 의해 점으로만 그림을 그리는 점묘화로 진화했습니다. 또 반 고흐는 필촉분할과 점묘 기법을 적극적으로 도입해 독자적인 따뜻한 분위기의 그림을 그려냈지요.

돈 때문에 일하는가, 아니면 자신을 위해 일하는가. 어느 시대의 예술가도 이 같은 고민을 했을 것입니다. 그리고 우리도 이에 대해 고민하지요. 르누아르가 이 질문에 하나의 답을 준 것 같아요. 무엇을 위해 그림을 그릴까, 그것은 보는 사람을 행복하게 하기 위해. 이렇게 생각하면 돈 버는 것과 하고 싶은 것이 양립할 수 있지요. 돈과 보람의 양립을 몸소 보여준 르누아르, 역시 위대한 사람은 다르네요. 돈과 보람을 나누어 생각하는 우리는 아직 멀었나 봅니다.

르누아르는 다행히 경제적인 여유가 있어서 오래오래 살며 보는 사람을 행복하게 하는 그림을 계속 그렸습니다. 그의 옆에는 항상 알린이 있었지요. 그녀는 르누아르의 작업을 헌신적으로 도왔다고 합니다. 르누아르는 스스로를 행복하게 하는 방법까지 알았던 모양입니다.

두 번의 투어로 만나본 프랑스도 여기서 끝입니다. 이번 투어에서 인상파 화가들을 소개했는데, 그들 외에도 훌륭한 인상파 화가들이 존재하니, 관심 있으면 꼭 미술관에 가보세요. 그리고 미술관에 가면 가까이 보기와 멀리 보기를 잊지 말 것!
그런데 인상파 화가들이 유명해지고 그들의 그림이 팔린 곳은 프랑스가 아니었답니다. 무려 대서양 너머에 있는 미국이었어요. 어떻게 프랑스 화가들의 그림이 미국에서 인기를 얻게 됐을까요? 그 이유는 남은 투어에서 밝혀집니다.
자, 다음은 프랑스의 숙적 영국으로 넘어갑니다. 산업혁명으로 유명한 영국이지만, 시곗바늘을 조금 더 앞으로 돌려 산업혁명 이전의 영국으로 먼저 떠나보지요!

ROOM 6

기술혁신의 불안을 극복한 영국

Guide to the Room 6

유럽 대륙을 떠나 바다 건너 영국으로 가봅시다.
영국 화가 하면 누가 떠오르나요? 네덜란드나 프랑스 화가 하면 떠오르는 이름들에 비하면 의외로 많지 않습니다.
영국인은 자랑스러운 영국 화가로 윌리엄 터너를 꼽습니다.
이번 투어에서는 터너의 그림을 중심으로 이야기가 펼쳐집니다. 터너의 그림은 특히 만년에 그린 그림일수록 매우 어렴풋해집니다. 대충 그렸다는 뜻은 아닙니다. 오히려 깊이 생각한 끝에 어렴풋하게 그림을 그리기 시작했지요.
그에게 무슨 일이 있었던 걸까요?
또, 영국 미술계를 이야기할 때 미술 시장을 빼놓을 수 없답니다. 나폴레옹 전쟁 때부터 유럽 곳곳에서 미술품들이 런던으로 몰려들었고, 이곳에 새로운 미술 시장이 생겨났습니다.
왜 하필 런던이었을까요? 런던에 생긴 미술 시장의 특징은 무엇이었을까요? 역사가 깊은 유럽 나라 중 상당수는 '내셔널갤러리'(국립미술관)를 가지고 있는데, 영국 내셔널갤러리는 다른 나라의 것과 성격이 다르답니다. 알고 있었나요?
자, 그럼 영국의 미술관 이야기 속으로 떠나봅시다!

1

문화 후진국 영국에 불어온 미술 광풍

왜 영국 도련님들은 이탈리아로 떠났을까?

유럽 미술관에 가면 '그랜드 투어(Grand Tour)'라는 표현을 자주 볼 수 있습니다. 기획전의 제목으로 이 말을 그대로 사용하기도 하고요. 저도 처음 봤을 때 '대(大)여행? 큰 여행이 뭐지?' 하고 생각했답니다. 결론부터 이야기하면 그랜드 투어는 영국의 양가 자제가 이탈리아로 떠난 유학 여행이었습니다. 물론 성인이 되어 떠나기도 했어요. 이탈리아까지 가는 길은 여러 가지였는데, 대표적인 여정은 지도와 같습니다.

우선 영국해협을 건너 프랑스로 간 다음, 프랑스 파리에서 남하해 이탈리아로 간 뒤 밀라노, 피렌체, 로마 등을 거쳐 베네

치아까지 가는 여정이 일반적이었습니다. 시간 여유가 있다면 이탈리아 남쪽으로 내려가 우리가 처음에 둘러봤던 시칠리아도 방문했지요.

그랜드 투어는 18세기경에 크게 유행했습니다. 여기서 생각해볼 것이 있어요. 역사는 배우고 받아들이는 것뿐 아니라 스스로 의문을 가지는 것이 중요하니까요! 영국인들은 왜 그렇게 이탈리아에 가고 싶어 했을까요?

영국은 중세부터 나름 존재감을 보여왔지만, 그냥 북쪽의 작은 섬나라에 불과했습니다. 굳이 따지자면 인기 없는 섬나라. 날씨가 항상 흐리고 채소나 과일도 잘 자라지 않는, 양만 눈에 띄는 모직물의 나라였지요. 그랬던 영국이 갑자기 산업혁명에 성공하며 공업화의 스타 같은 존재가 되었습니다. 이로써 부자가 되었지만 이른바 졸부요, 경제는 쇠퇴했지만 문화 수준이 높은 이탈리아에 열등감을 가지게 된 것이지요. 벼락부자가 된 영국인들은 "아들아, 이탈리아에 가서 배우고 오너라!" 하며 자식들을 이탈리아로 보냈습니다. 지금으로 말하면 잔다리 밟고 올라간 사장님들이 아이들을 유학 보내는 것이랄까요.

사실 영국은 미술 쪽으로는 영 별로였어요. 유럽에서 르네상스 회화나 바로크 회화가 유행할 때도 내로라하는 화가 하나 없었습니다. 그랜드 투어가 유행하면서 조금씩 화가들이 등장하기 시작했지요. 그런 의미에서 18세기 그랜드 투어를 통해 영국인들이 바다 건너 프랑스에서 우아한 로코코 미술을 접하고, 이탈리아에서 르네상스를 비롯한 웅장하고 호화로운 예술품을 본 것은 '문화 수준 향상'에 크게 기여했을 것입니다.

그런데 그랜드 투어의 이런 숭고한 목적은 차치하고 영국 '부잣집 도련님들'이 얌전히 여행할 리가 없었겠죠. 아니나 다를까 여행 도중 나쁜 짓을 저지릅니다…….

섬세한 붓으로 대담하게 거짓말하는 베네치아 화가

가는 곳마다 술 마시며 난리법석을 떨고, 아름다운 창부의 손짓에 유혹되는 도련님들. 주머니에 큰돈을 갖고 다니며 이런 짓을 하면 당연히 위험합니다. 그래서 그들의 여행에는 행실을 감독하는 동행 교사가 있었습니다. 유명한 애덤 스미스도 동행 교사를 한 적이 있어요. 역시 경제학의 아버지! 약삭빠르게 부업으로 돈을 벌면서 이탈리아 견문을 넓혔었군요.

그랜드 투어의 종착지는 베네치아였습니다. 현지에서 사람들을 만나고 예술품과 건축물을 견학한 긴 여행의 끝, 분명히 그 마무리는 성대했을 겁니다. 그리고 여행의 마무리에 빠질 수 없는 것, 선물이지요! 인기 있던 선물은 풍경화입니다. 특히 카날레토(Canaletto, Giovanni Antonio Canal, 1697~1768, 본명은 지오반니 안토니오 카날인데, 아버지와 구분하기 위해 '작은 카날'이라는 뜻의 카날레토로 불렸다—옮긴이)가 그린 베네치아 풍경화는 영국인들에게 큰 인기를 끌었습니다.

카날레토의 〈대운하에서의 곤돌라 경주〉는 베네치아에서 매년 열리는 곤돌라 경주 대회를 그린 것입니다. 곤돌라들이 멀리 보이는 결승선 리알토 다리를 향해 갑니다. 운하 양안의 건물에서 사람들이 뜨거운 성원을 보내고 있네요.

리알토 다리는 오늘날에도 관광객들로 북적이는 명소이지만, 경제사에서도 매우 중요한 장소입니다. 이 다리에서 환전상을 시작한 상인들이 '은행의 조상'이라고 불리기 때문이지요. 그들은 다리 옆에 책상을 놓고 장사했는데, 책상을 가리키는 이탈리아어 방코(Banco)가 은행(Bank)이 된 것입니다.

사실 화가가 있는 위치에서 리알토 다리는 보이지 않습니다.

카날레토, 〈대운하에서의 곤돌라 경주〉
1732년, 영국 왕실 소장

카날레토가 그림에 약간의 거짓말을 보탠 것이지요. 이 정도면 애교로 봐줄 만해요. 있지도 않는 건물을 버젓이 그려 넣는 일도 있었으니까요. 이렇게 섬세한 그림을 그리면서도 고객 서비스를 위해 과감하게 거짓말을 하는 이 자세, 전 너무 좋아요.

그건 그렇고 이 그림의 원근감이 정말 대단하지 않나요? 사실적인 정밀함에다 웅장하고 역동적인 분위기 때문에 카날레토의 그림이 영국인들에게 큰 인기를 얻었던 겁니다. 혹시 여기서 '큰 그림을 어떻게 가져갔지?' 하고 생각한 사람이 분명 있을 거예요. 아닌 게 아니라 카날레토의 그림은 나름 컸거든요. 하지만 안심하세요. 앞에서도 봤듯이 베네치아는 캔버스의 본고장이었습니다. 카날레토가 살던 시대에는 이미 캔버스에 유채 화법이 널리 보급되어 있었습니다. 짐이 많은 영국인들은 분명 그림을 돌돌 말아서 가져갔을 거예요.

카날레토는 자신의 그림을 복제하는 것은 물론 부지런히 새로운 풍경화를 그렸습니다. 그 그림들을 영국인들이 부지런히 사 갔지요. 그런 이유로 베네치아 화가 카날레토의 그림은 이탈리아보다 영국에 더 많이 남아 있답니다.

나폴레옹을 피하기 위한 명화들의 도피 여행

카날레토의 그림이 영국에 반입된 것은 18세기 중반입니다. 그랜드 투어가 유행했다는 것은 그만큼 영국에 부자가 많아졌다는 것을 의미했습니다. 하지만 19세기 들어 그랜드 투어도 한풀 꺾였지요. 프랑스혁명과 나폴레옹 전쟁으로 여행할 곳이 없어졌거든요.

그렇다면 영국에 반입되는 그림 수도 줄었을까요? 그렇지는 않습니다. 유럽 대륙에서 일어난 혁명과 전쟁을 피해 유럽의 미술품들이 빠른 속도로 영국으로 유입되었거든요. 나폴레옹에게 침략당한 유럽 여러 나라의 귀족과 부자 들이 '나폴레옹에게 빼앗길 바에야!'라면서 소장한 그림들을 팔기 시작합니다.

전승국인 프랑스에서도 무거운 세금과 빈곤을 견디지 못한 사람들이 그림을 팔았습니다. 나폴레옹 치하의 프랑스 정부에서도 루이 15세의 섭정이었던 오를레앙공 필리프 2세의 방대한 컬렉션을 매각했습니다. 피렌체나 로마, 독일, 네덜란드 등지에서 팔린 그림들이 영국인 미술상들에 의해 부지런히 런던으로 옮겨졌지요.

그랜드 투어가 유행했던 시절에는 영국인이 유럽 대륙에서 그림을 사 왔지만, 이번에는 유럽 대륙에서 영국으로 그림이 들어왔습니다. 18세기에 영국 도련님들의 교육 여행이 이어졌다면, 19세기 초에는 미술품들의 도피 여행이 시작된 셈이지요. 명화들이 모인 런던은 순식간에 유럽 미술 시장의 중심이 되었습니다. 전화를 피할 수 있는 지리적 요건으로 문화 후진국이었던 섬나라가 문화의 중심지로 변모했습니다.

당시 위세 좋던 기업가와 금융가 들도 런던 미술품 시장에

토머스 로렌스 경, 〈존 줄리어스 앵거스타인, 55세 무렵〉
1790년, 런던 내셔널갤러리 소장

등장한 명화들에 주목했습니다. 그림을 마구 사들이는 사람들이 있었는데, 그중 한 사람이 존 줄리어스 앵거스타인(John Julius Angerstein, 1735~1823)이었습니다. 은행가였던 그는 오래된 그림들을 수집했습니다. 또 수집에 그치지 않고 예술가들을 후원했지요. 〈존 줄리어스 앵거스타인, 55세 무렵〉은 토머스 로렌스가 빚을 탕감해준 앵거스타인에 대한 감사의 마음을 담아 그린 것입니다.

앵거스타인이 죽은 후 유족은 그림 38점을 매물로 내놓습니다. 구매자는 영국 정부였어요. 마침 오스트리아가 전쟁 비용으로 빌렸다가 갚은 돈으로 고가의 그림들을 사들인 것이었죠. 이렇게 앵거스타인 컬렉션은 국가 소유가 되었고, 이를 일반에 공개 전시하기 위해 설립한 것이 런던의 내셔널갤러리입니다.

다른 유럽 나라들에서는 나폴레옹과의 전쟁 때 '우리 재산(=공공재)을 지키자'라는 의식이 형성되어 왕실과 귀족 컬렉션을 중심으로 내셔널갤러리가 만들어졌습니다. 이와 달리 런던 내셔널갤러리는 한 은행가의 개인 컬렉션에서 출발한 유럽에서는 매우 드문 사례입니다.

2

산업혁명의 빛과 그림자

이탈리아 여행으로 감성을 중시하게 된 터너

예전에 베네치아 여행을 갔을 때 평소 습관대로 묵었던 호텔에 가습기를 빌려달라고 요청한 적이 있어요. 호텔 직원은 벙한 표정을 짓더니 창문을 열라고 말했어요. 그 순간 제가 바보 같은 요청을 했다는 걸 깨달았지요. 그렇습니다, 물의 도시 베네치아에서는 가습기가 필요 없었던 거예요. 오히려 습기를 어떻게 제거할지 고민하면 몰라도.

습도가 높은 곳이다 보니 벽화나 목판화를 유지하기가 힘들었겠죠? 앞에서 살펴보았듯이 그래서 베네치아에서 캔버스가 탄생한 것입니다. 또 활발한 해상 무역으로 북유럽의 유화 기

윌리엄 터너, 〈베네치아를 그리는 카날레토〉

1833년, 런던 테이트 모던 미술관 소장

술이 전해지면서 캔버스의 유화 기법이 발달했지요. 또 베네치아 회화는 매우 풍부한 색채를 가지고 있습니다. 앞에서 소개한 티치아노는 '피를 섞었다'라고 할 정도로 선명한 붉은색을 사용했습니다. 무역항 베네치아에서는 값비싼 안료도 쉽게 구할 수 있었던 것 같네요.

그런 베네치아 회화를 보기 위해 유럽 곳곳에서 많은 화가가 찾아왔습니다. 그랜드 투어가 유행하기 전에도 그리고 유행이 끝난 후에도 베네치아는 화가들에게 동경의 대상이었던 것입니다. 영국 화가 중에 베네치아에 큰 영향을 받은 사람이 있었습니다. '영국을 대표하는 풍경화가'라 불리는 조지프 말로드 윌리엄 터너(Joseph Mallord William Turner, 1775~1851)입니다. '오, 이것이 카날레토가 그린 그 베네치아인가!' 카날레토의 그림에 감동한 나머지 터너는 자신의 작품에 그림을 그리는 카날레토의 모습까지 그려 넣습니다. 〈베네치아를 그리는 카날레토〉의 왼쪽 아래에 이젤을 앞에 둔 카날레토의 모습이 작게 그려져 있지요?

젊은 시절부터 재능을 발휘한 터너는 44세 때 처음으로 이탈리아를 여행합니다. 언제나 하늘이 흐린 영국을 떠나 눈부신 햇빛으로 가득 찬 이탈리아를 방문한 그는 그때부터 빛이나 공기 같은 눈에 잘 보이지 않는 것들을 그리게 됩니다.

18세기 말에서 19세기 초, 문학과 미술계에 낭만주의 사조가 유행했습니다. 터너 역시 낭만파로 분류됩니다. 미술사에서 낭만주의는 프랑스의 자크 루이 다비드로 대표되는 신고전주의에 반발하며 등장했습니다. 고전을 중시한 나머지 지나치게 엄격하고 진지하고 합리적인 신고전파에 반발해 자유를 요구하며 나타난 것이 감수성이나 주관을 중시하는 낭만파였지요.

낭만파는 '나에게 보이는 대로' 그림을 그렸습니다. 이런 점에서 터너는 확실한 낭만파입니다. 이탈리아 여행 후 빛과 공기를 그리기 시작한 그의 그림은 점점 추상적으로 되어갑니다. 산업혁명은 단기간에 분명한 결과를 요구했는데, 어쩌면 터너는 이런 풍조에 싫증을 느끼고 있었을지도 모릅니다.

증기기관차의 등장으로 인류는 행복해졌을까?

영국의 산업혁명을 성공시킨 증기기관. 인류는 사람과 동물에게 의존하지 않는 '힘'을 손에 넣었습니다. 증기기관이 만든 동력으로 사람들의 생활과 일의 풍경이 매우 달라집니다. 터너의 그림에는 그 변화가 뚜렷하게 나타나 있습니다.

섬나라 영국에서 태어나고 자란 터너는 젊은 시절부터 바다와 배 그림을 많이 그렸습니다. 거기에는 범선에서 증기선까지 등장하지요. 그리고 만년의 터너, 드디어 이 교통기관을 그리게 됩니다. 산업혁명의 정점이라고도 할 수 있는 위대한 교통기관, 증기기관차입니다.

터너가 그린 〈비, 증기, 그리고 속도-그레이트 웨스턴 철도〉

에 등장하는 그레이트 웨스턴 철도는 영국에서 이른 시기에 만들어진 철도입니다. 적극적으로 선진 기술을 도입한 철도 회사로 유명하며, 전신주를 이용한 전기통신(전신)도 이 회사에서 시작되었지요. 또 세계 최초로 철도 업계에 신호등과 표준 시간을 도입했습니다.

철도는 시간과 공간의 변화를 인류에게 가져다주었습니다. 인간의 다리로는 갈 수 있는 거리에 한계가 있습니다. 말을 이용하면 좀 더 먼 거리를 갈 수 있지만 무거운 짐을 운반하는 데 제약이 있지요. 증기기관차의 등장으로 시간과 공간의 벽을 깨고 이동이 가능하게 되었고, 아무리 무거운 짐도 운반할 수 있게 되었습니다. 일부 선박업자와 마차업자를 제외하고 사람들은 증기기관차의 등장을 환영했습니다. 지금까지와는 다른 세계에 갈 수 있다면서요.

터너는 〈비, 증기, 그리고 속도-그레이트 웨스턴 철도〉에 새롭게 등장한 증기기관차를 위풍당당한 모습으로 그렸을 뿐 아니라, 그것에 이르기까지의 역사도 함께 그렸습니다. 이 그림의 왼쪽 아래 강에 희미하게 떠 있는 배가 보입니다. 그림 속에 오래된 탈것과 새로운 탈것이 대비되어 있지요. 이렇듯 슬쩍 역사를 그려 넣는 것이 터너 그림의 정수가 아닐까 생각합니다.

그건 그렇고 이 그림, 언뜻 보기에는 기관차가 어디에 있는지 모를 정도로 극단적인 원근법이 사용되었습니다. 그런데도 기관차를 둘러싼 대기의 소용돌이 등은 잘 보여서 추상적인 느

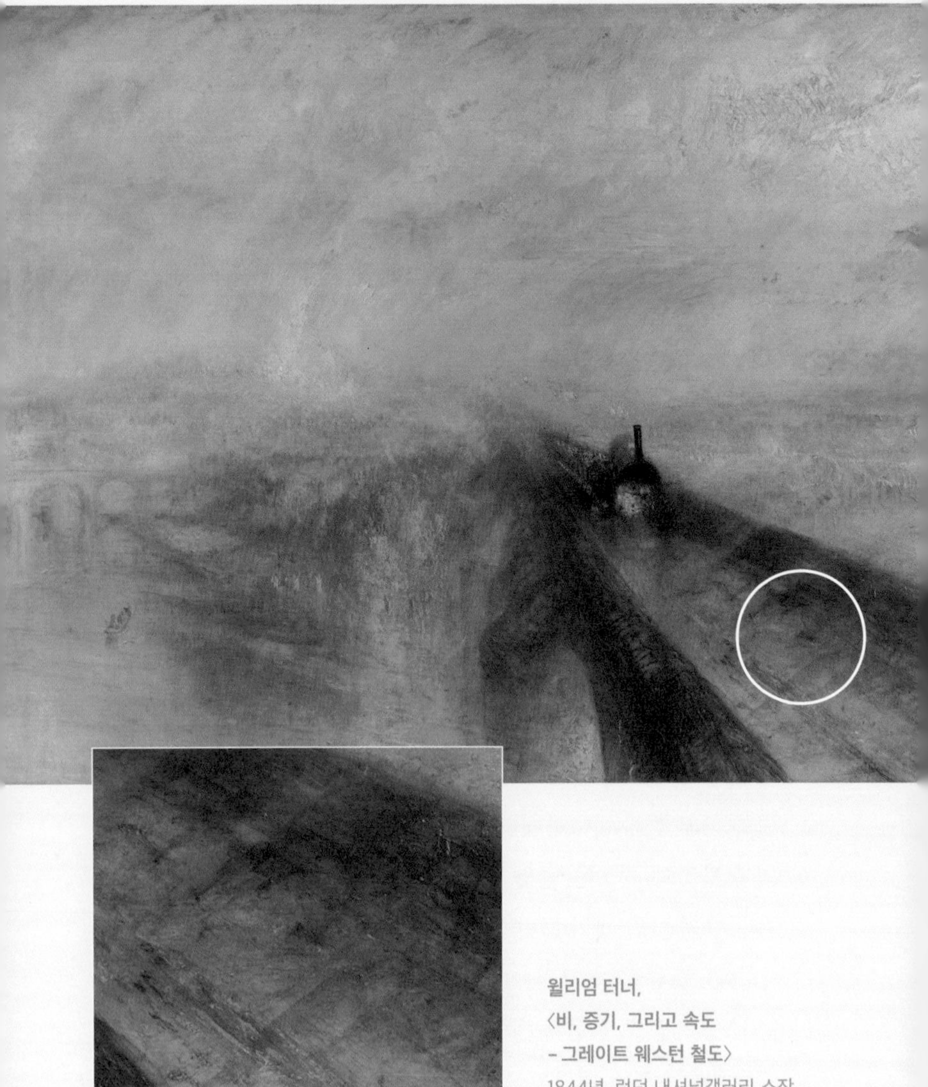

윌리엄 터너,
〈비, 증기, 그리고 속도
- 그레이트 웨스턴 철도〉
1844년, 런던 내셔널갤러리 소장

낌을 줍니다. 바로 이 부분이 '나에게 보이는 대로'의 모습을 담은 낭만파적 표현인 것입니다.

또 하나 주목할 것은 증기기관차 진행 방향의 전방에 같은 방향으로 달리는 작은 갈색 산토끼(그림에서 흰색 동그라미 부분)입니다. 이 산토끼는 인간의 비유가 아닐까 하는 생각이 들어요. 모두가 반기는 기술의 진보는 정말로 인간을 행복하게 할까? 증기기관차로 인해 어쩌면 인간은 시간과 효율에 쫓겨 불행해지는 것은 아닐까? 터너는 그런 미래에 대한 불안을 '기관차에 쫓기는 산토끼'로 표현한 게 아닐까요?

산업혁명으로 평균 수명이 줄어든 이유

산업혁명으로 공업화가 빠르게 진행되는 가운데 화가들은 별로 등장하지 않는 영국이었지요? 그중에서 보기 드문 유명 화가인 윌리엄 호가스의 그림을 보겠습니다. 이 그림의 무대는 터너가 증기기관차를 그린 약 100년 전 런던의 이스트엔드입니다. 그곳에는 일자리를 잃은 사람들이 모이는 빈민가가 있었습니다. 그림 한가운데에 있는 창부는 술에 취해 아기까지 떨어뜨리네요. 다리에는 매독으로 생긴 상처 자국이 보입니다. 당시에는 싸구려 술 진(gin)으로 의한 알코올 중독이 사회적으로 큰 문제였습니다. 시대의 변화에 뒤처진 사람들은 술에 의지해 현실을 잊으려 했겠지요. 오른쪽 끝에 그려진 여성은 아기의 울음을 그치게 하려는지 아기에게 술을 먹이고 있습니다. 그림처럼 빈민가에서는 끔찍한 일들이 일어났어요.

하지만 그런 불행이 빈민가에서만 있었던 것은 아닙니다. 산업혁명으로 큰 공장이 들어선 신흥 도시 곳곳에서 새로운 시대의 행복과는 거리가 먼 장면들을 볼 수 있었습니다.

1830년에는 리버풀-맨체스터 철도가 정식으로 개통되었습니다. 철도가 놓인 항구 도시 리버풀과 내륙의 공업 도시 맨체스터의 공장에서 일하기 위해 사람들이 모여들었습니다. 이때 공장에서 근무하는 것은 시대의 최첨단이었습니다. 요즘으로 치면 구글이나 아마존에서 일하는 것과 같았지요. 사람들은 기대에 부풀어 도시로 왔을 겁니다. 누군가는 정든 고향을 뒤로 하고 누군가는 농촌을 떠나 새로운 일에 설레는 마음으로 도시를 찾았을 것입니다.

하지만 안타깝게도 그들을 기다리고 있었던 것은 가혹한 노동 환경이었습니다. 기계가 주인인 공장에서는 인간이 기계에 맞춰 일해야 했습니다. 지치지 않는 기계에 맞추려니 장시간 노동은 당연했지요. 또 공장에서 나오는 매연과 오수로 도시의 위생 환경은 열악했고 온갖 질병이 유행했습니다. 공장에서 일하는 여성들은 출산해도 쉴 수 없었기 때문에 집에 돌아갈 때까지 아기에게 젖을 줄 수 없었어요. 더 최악인 것은 출근해야 하는 부모가 울음을 그치지 않는 아기에게 맥주나 진을 먹여 재우는 일까지 벌어졌다는 것입니다.

윌리엄 호가스, 〈진 거리〉

1751년, 영국박물관 소장

그런 비인간적인 환경에서 인간의 평균 수명은 줄어들 수밖에 없습니다. 터너가 증기기관차를 그린 당시의 기록에 따르면 리버풀 노동자계급의 평균 수명은 15세였다고 합니다. 이 놀라운 숫자가 나오게 된 것은 유아 사망률이 높았기 때문입니다. 부모의 노동 환경과 도시의 위생 상태가 너무 나빠서 유아의 절반 정도가 5세까지밖에 살 수 없었습니다.

밝은 미래를 보장해줄 첨단 직장일 줄 알았는데, 믿을 수 없을 만큼 가혹한 환경에 많은 사람이 그곳으로 온 것을 분명 후회했을 거예요. 어느 시대, 어느 나라에서나 '골드러시' 같은 현상이 일어나기 마련이었고, 그 결과는 대부분 행복하지 않았습니다. 인간의 기술 혁신이 가져올 불행, 터너는 그것을 예감하고 있었겠지요.

3

기술혁신과 시장의 변화를 극복하다

도난당한 터너의 그림이 불러온 혼란

영국에서 큰 인기를 얻은 소설《셜록 홈즈》를 부러워하던 프랑스의 가난한 작가 모리스 르블랑. 그는 셜록 홈즈의 반대편에 있는 안티 히어로 아르센 뤼팽을 창조했습니다. 이 뤼팽의 등장으로 '머리 좋고, 유머 있고, 인정 있는 미술품 도둑'이라는 이미지도 생겨났습니다. 미술관 입장에서는 좋지 않은 일이었겠지요? 뤼팽을 자처하는 도둑이 나타날지도 모르니까요. 아니나 다를까 세계 곳곳에서 현실의 뤼팽들이 나타나기 시작했습니다.

1994년 영국의 보물인 윌리엄 터너의 그림이 도난당하는

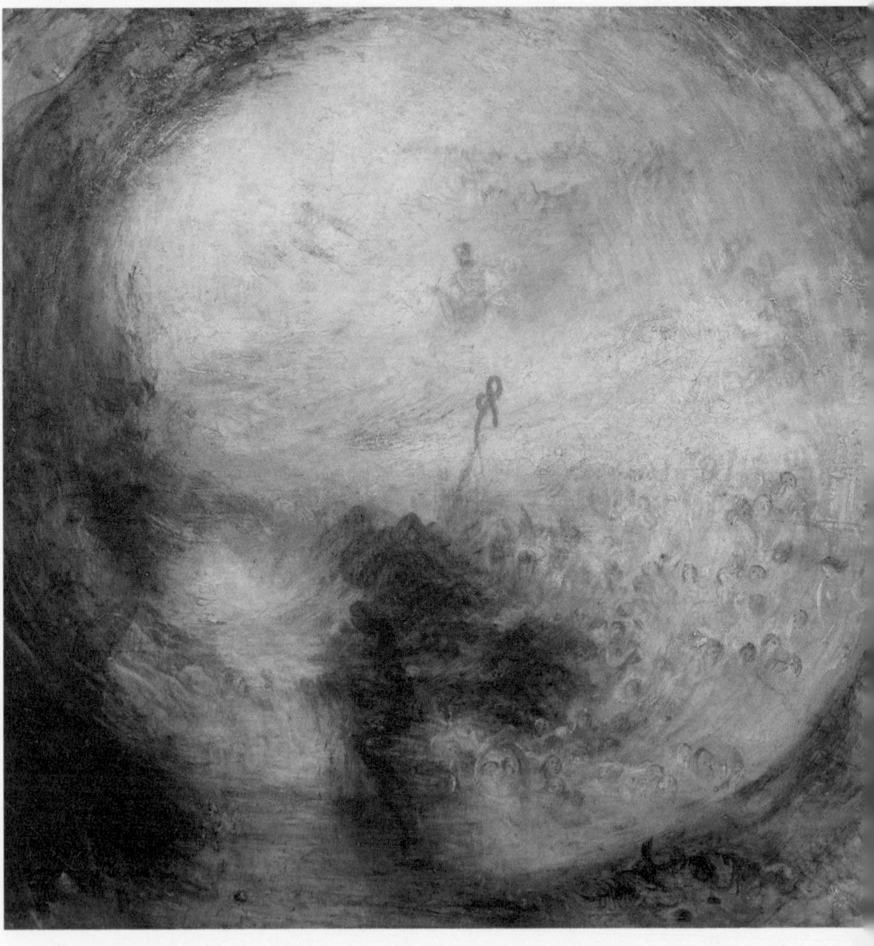

윌리엄 터너, 〈빛과 색채(괴테의 이론): 대홍수 이후의 아침, 창세기를 쓰는 모세〉
1843년, 런던 테이트 모던 미술관 소장

윌리엄 터너, 〈그림자와 어둠: 대홍수 날의 저녁〉
1843년, 런던 테이트 모던 미술관 소장

국제적인 소동이 벌어졌습니다. 터너 스스로가 "중요한 작품"이란 말을 남긴 〈빛과 색채(괴테의 이론): 대홍수 이후의 아침, 창세기를 쓰는 모세〉와 〈그림자와 어둠: 대홍수 날의 저녁〉 그림 두 점이 영국의 테이트 모던 미술관과 독일 쉬른의 쿤스트할레 미술관에서 사라진 것입니다.

범인들은 폐관 시간 즈음에 미술관에 들어가 숨어 있다가 한밤중에 그림을 훔쳐 차로 도주했는데, 뤼팽이었다면 부끄러워서 실행하지도 않을 유치한 수법이었습니다. 아무튼 그림을 도둑맞은 것은 틀림없는 사실. 그림을 빌려준 영국과 빌려온 독일의 미술관 관계자, 영국과 독일 경찰, 보험회사, 가짜 범인과 진범 등 마치 셜록 홈즈와 뤼팽의 관련자들이 모두 등장한 듯한 조사와 협상 끝에 8년 만에 그림은 무사히 영국으로 돌아갔습니다.

그런데 여기서 끝나지 않습니다. 이 사건을 계기로 미술품에 대한 보안, 보험, 수사, 반환 협상 등 미술품을 둘러싼 모든 일에 특별한 고려가 필요하다는 것을 알게 되었지요. 보험을 예로 들어볼까요. 그때까지 미술관이 도난당한 미술품의 보험금을 받게 되면 그 미술품의 소유권이 미술관에서 보험회사로 이전되는 상황이었습니다. 그림을 되찾을 경우에 대비해 소유권을 미술관으로 되돌릴 수 있는 조건이 필요해졌습니다.

그림이 미술관에 전시되는 동안에는 의식하지 못하지만, 명화는 이미 '금융 자산'입니다. 누군가에게 팔면 큰돈을 벌 수 있는 가치가 있는 자산이죠. 하지만 이 사건으로 명화는 현금화하기 어렵다는 사실도 밝혀졌습니다. 그림을 훔친 것까진 좋았지만, 터너의 그림을 누군가에게 팔면 반드시 들통날 것이었으니까요. 범인들이 요구한 그런 큰돈을 지불할 사람도 없었고요. 범인들에게는 원소유주와 협상해 돈을 받아내는 것밖에 현금화할 방법이 없었습니다. 즉 도난당한 미술품의 유통 시장은 존재하지 않았다는 것입니다.

그래서 저는 정말 좋아하는 뤼팽에게 꼭 이 말을 전하고 싶습니다. 훔칠 거면 그림보다 보석이 낫다!

그림이 거래되는 두 가지 시장

나폴레옹 시대에 미술품이 사유재에서 공공재로 바뀌어간 것은 이미 설명했지요? 19세기 들어 그림을 둘러싼 또 하나의 환경 변화가 일어납니다. 그것은 소유재에서 거래재로의 변화입니다.

원래 그림은 소유하기 위한 것이었습니다. 중세에 그려진 수태고지 그림들은 교회에서 성당을 장식하기 위해 주문했고, 이후에는 부르주아 시민들이 조합 건물이나 집을 장식하기 위해 그림을 주문했지요. 가톨릭교회에서 부르주아 시민으로 고객이 바뀌었지만, 주문의 목적은 모두 자신들이 소유하기 위해서였습니다.

그런데 19세기 초 영국에서 그림을 금융 자산으로서의 거래재로 취급하는 사람들이 많아집니다. 미술상뿐 아니라 금융업자들도 그림 투자를 시작했어요. 산업혁명 시기에 수많은 공장과 철도가 탄생한 것은 증기기관이라는 새로운 기술 덕분이었습니다. 그런데 기술 개발을 위해서는 자금이 필요하지요. 산업혁명 시기 영국에서는 경영자가 자금을 쉽게 조달할 수 있도록 여러 금융 제도 개혁이 이루어집니다. 주식회사 설립을 자유화한 것도 그중 하나이지요.

영국 금융 시장이 발전하자, 오늘날에도 유명한 금융 재벌 로스차일드 가문을 시작으로 유럽 대륙의 금융맨들이 모여들었습니다. 이 눈치 빠른 사람들은 주식회사뿐 아니라 그림도 투자 대상으로 인식해 고객에게 구입을 권유하거나 자신들이 직접 사들였지요.

이렇게 19세기 런던에서 탄생한 미술 시장은 지금까지의 시장과는 조금 다른 성격을 가지고 있었습니다. 한마디로 그림의 '유통 시장'입니다. 금융 상품이든 그림이든 증권 시장에는 발행 시장과 유통 시장 두 종류가 있습니다. 발행 시장(프라이머리 마켓)에서는 화가가 미술상이라는 대리인을 통해 자신의 그림을 팔려고 내놓습니다. 그림이 팔리면 매각 대금은 화가가 받습니다. 그런데 유통 시장(세컨더리 마켓)에서는 화가의 손을 떠나 유통되고 있는 그림이 매매됩니다. 이 경우 매각 대금은 화가가 아니라 그림을 판 사람이 받게 되지요.

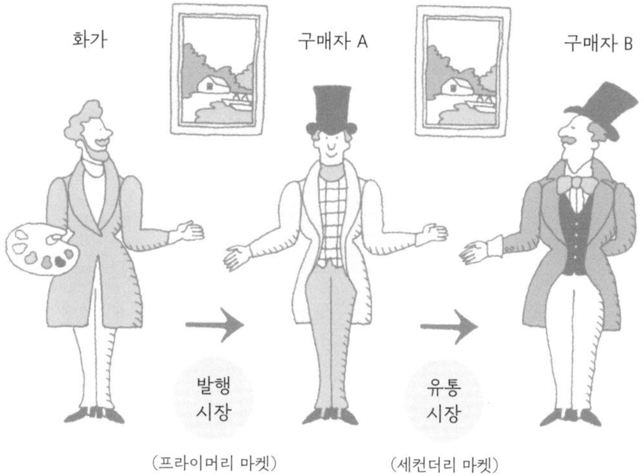

영국의 미술 시장은 이미 그려진 그림의 유통 시장이었기 때문에 얼마나 고가로 거래되든 화가의 주머니에는 한 푼도 들어가지 않았습니다. 돈을 받기는커녕 이미 화가가 죽은 경우도 대부분이었지요. 반 고흐의 그림은 발행 시장에서는 전혀 팔리지 않았어요. 그는 고독하고 극빈한 생활 끝에 자살로 생을 마감했지요. 그러나 사후에 유통 시장에서 세계적인 평가를 받았습니다. 프랑스 인상파 화가 상당수도 그랬고요. 미술계에는 이런 사례가 많습니다. 그것이 금융 시장의 논리라고는 해도 안타까운 이야기입니다.

기후도 식량도 풍요롭지 않던 영국은 생산 기술의 진보를 통해 그 단점을 뛰어넘어 경제 대국의 자리에 올랐습니다. 또 영국인들은 기술을 사업화하는 파이낸스(자금 조달) 기술도 갖고 있었지요. 이 파이낸스 분야의 지식이나 인재가 미술 시장에 들어오면서 그림은 금융 자산으로서 유통되기 시작합니다. 그 돈이 실제 화가들에게도 돌아갔다면 좋았겠지만, 불행히도 화가들의 생활은 거의 나아지지 않았습니다. 산업혁명은 자본가 등 일부 사람들을 부자로 만들어주었지만, 혜택을 받지 못한 사람들이 더 많았습니다.

산업혁명의 혜택에서 제외된 화가들에게 새로운 시련이 덮쳤습니다. 카메라가 등장한 것입니다. 카메라는 화가들을 둘러싼 환경을 빠르게 변화시켜 그들의 미래를 공포로 몰아넣었습니다. 많은 화가가 카메라 때문에 일자리를 잃을까봐 두려워했어요.

증기기관차가 등장하고 편리한 튜브식 물감을 쓰게 됐을 때까지만 해도 화가들도 산업혁명으로 인한 변화를 반겼습니다. 아틀리에에서만 그림을 그리다가 모네의 〈라 그르누이에르〉처럼 기차를 타고 교외로 나가 야외에서 사람들을 그릴 수 있게 된 것이죠. 그러나 카메라는 별개의 이야기였습니다. 있는 그대로를 찍을 수 있는 카메라의 등장으로 풍경화나 초상화 주문이 끊길 수 있었지요. AI(인공 지능)의 등장으로 일자리가 사라질 것을 걱정하는 21세기 사람들과 같은 모습입니다.

하지만 카메라의 등장에 굴하지 않은 화가가 터너였습니다. 앞에서 본 그레이트 웨스턴 철도가 그려진 그림에서는 카메라의 정확한 묘사에 싸움을 거는 듯이, 보이지 않는 것까지 그리겠다는 기합이 느껴집니다. 또 당시 카메라로는 흑백 사진밖에 찍을 수 없었기 때문에 '그렇다면 색으로 승부를 겨루지!' 하면서 대담한 색을 사용했습니다.

사실 독일에서 도난당했던 그림 두 점은 터너가 색채를 연구한 성과라 할 수 있는 작품입니다. 그래서 본인도 "중요한 작품"이라는 말을 남긴 것 같아요. 그런 까닭에 미술관에서 범인과 협상하고 돈을 지급하면서까지 그림을 되찾은 것입니다. 카메라가 등장했을 때 사진으로 표현할 수 없는 색채를 어디까지 표현할 수 있을지는 터너에게 중요 과제였습니다. 그것이야말로 신기술에 맞서기 위한 연구였지요.

19세기 카메라든 21세기 AI든 신기술은 압박으로 다가옵니다. 그것으로부터 도망치면 시대에 뒤질 수 있고, 너무 쉽게 받아들이면 시대에 삼켜질 수 있지요. 그에 맞서 압박을 극복한 자만이 새로운 시대를 열 것입니다. 터너의 그림을 보면 "AI 따위에 지지 마!" 하는 그의 목소리가 들리는 듯합니다. 그는 인상파 화가들에게도 큰 용기를 주었어요. 보불전쟁 때 런던으로 피신한 모네는 터너의 그림에 큰 충격을 받았다고 합니다. 아마 그림의 기술이라기보다는 그림을 대한 자세에 충격을 받

세바스티아노 델 피옴보, 〈라자로의 부활〉

1517~1519년, 런던 내셔널갤러리 소장

았던 것이 아닐까요.

자, 이 투어의 마지막으로 앵거스타인 소유에서 런던 내셔널갤러리로 옮겨간 그림 하나를 소개하겠습니다. 런던 내셔널갤러리 작품 번호 1번, 베네치아 출신 세바스티아노 델 피옴보의 〈라자로의 부활〉입니다.

그림이 그려진 지 500년도 더 되어서 많이 퇴색했지만, 여전히 베네치아 회화의 선명한 색조를 볼 수 있습니다. '나는 부활이며 생명이다. 나를 믿는 자, 죽어서도 살 것이다.' 이것이 그림의 주제이지요. 그런데 이 주제가 베네치아를 너무나도 사랑한 터너의 그림 속에도 흐르고 있습니다.

산업혁명이 한창이던 영국에 살던 터너, 그의 시대에는 여기저기서 신기술·신제품이 등장하고 있었습니다. 증기기관차, 카메라와 사진, 튜브 물감 등. 거기에 더해 미술 시장의 변화도 있었죠. 이러한 급격한 변화를 목격한 인간은 두 유형으로 나뉩니다. 내 시대는 끝났다고 단념하는 사람과 그것을 극복하기 위해 투지를 불태우는 사람. 터너는 분명히 후자 쪽이었어요.

다소 괴짜였던 터너는 세상의 변화에 맞서 화풍을 변화시켰습니다. 카메라는 사실을 정확하게 담을지는 몰라도, 주관적이고 추상적으로 그리는 것은 인간만이 가진 특기였습니다. 그런 생각이 담긴 터너의 그림은 후대에 용기를 북돋워주었습니다.

영국을 대표하는 화가가 몇 안 되지만, 이번 영국 투어는 어쩌다 보니 터너 이야기로 가득했네요. 물론 제가 터너를 아주 좋아하는 이유도 있지만요.
마지막으로 여러분께 꼭 전하고 싶은 이야기가 있어요. 터너가 사랑했던 카날레토의 그림, 기회가 된다면 꼭 실물로 보시길 권합니다. 터너만큼 카날레토의 그림도 좋아하는 저는 미술관에서 카날레토의 그림을 발견하는 것만으로도 두근거린답니다. 실물로 볼 때 그 섬세함과 대담함이 더욱 다가올 거예요.
이제 유럽을 떠나 대서양 건너편의 미국이 다음 투어 장소입니다. 유럽 대륙이 아닌 새로운 세상에서는 어떤 그림 이야기가 펼쳐질까요?

ROOM 7

금욕과 탐욕에서
이익을 낳은 미국

Guide to the Room 7

드디어 마지막 투어, 미국입니다.
미술의 역사에 미국이라니, 기대하지 않는 사람도 있을 거예요.
미국에 현대 미술 화가들은 있어도
오래된 미술사에 등장하는 유명 화가는 없으니까요.
물론 그것은 미국의 역사가 짧다는 것에서 기인하죠.
그래서 이번 투어에서는 미국 자체보다는 유럽에서
미국으로의 흐름을 살피려고 합니다. 그중에서도 미국에서
시작된 인상파의 유행! 미국인들은 왜, 어떤 인연으로
인상파 화가들의 그림을 좋아했을까요?
후반부에는 멕시코 화가들도 소개합니다.
미국과 국경을 맞대고 있는 멕시코에는 유럽의 침입 이후
길고 긴 굴욕의 역사가 있습니다. 미국과 유럽의 시선이 아닌
멕시코의 시선에서 멕시코 미술을 살펴보도록 하지요.
평소와 다른 관점으로 살피는 것도 그림 감상의 즐거움 중
하나니까요. 마지막이라 아쉽지만, 서둘러
아메리카 대륙의 이야기를 만나러 떠나봅시다!

1

아메리카 대륙에 온 양극단의 사람들

남쪽에서 온 정복자와 북쪽에서 온 순례자

퀴즈 하나! 미국의 수도는 어디일까요? 맞습니다, 워싱턴 D.C.이지요. 모두가 아는 사실입니다. 그러면 D.C.는 뭐의 약자일까요? 바로 대답할 수 있는 사람은 몇 안 될 거예요. D.C.는 District of Columbia(컬럼비아 특별구)의 약자입니다. 스페인에서 출발해 이 대륙에 도착한 크리스토퍼 콜럼버스(Christopher Columbus, 1451~1506)의 영향이 아직까지 남아 있는 것이지요.

미국의 10월 둘째 주 월요일은 '콜럼버스의 날'이라는 국경일입니다. 콜럼버스가 아메리카 대륙에 상륙한 1492년의 이날

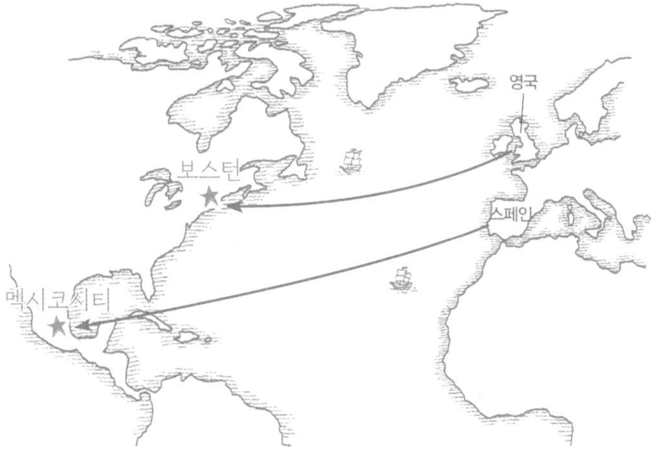

을 기념하는 날이지만, 몇몇 주와 도시는 이 국경일을 반대하기도 합니다. 원주민 입장에서는 정복이 시작된 날이니까요.

콜럼버스가 아메리카 대륙에 상륙하는 바람에 스페인의 콩키스타도르(conquistador, 정복자)들이 라틴아메리카를 찾아옵니다. 1519년 콩키스타도르 에르난 코르테스(Hernán Cortés, 1485~1547)가 멕시코에 상륙, 내륙 아즈텍 왕국의 수도 테노치티틀란을 무너뜨렸습니다. 아름다운 물의 도시 테노치티틀란을 무참히 흙으로 메워버린 것이 오늘날 멕시코 수도 멕시코시티입니다. 아즈텍 왕국의 입장에서는 콜럼버스가 쓸데없는 일을 한 것이지요.

탐욕스러운 정복자 코르테스의 재앙으로부터 꼭 100년 후, 이번에는 필그림 파더스(Pilgrim Fathers)라는 금욕적인 영국 사람들이 배를 타고 왔습니다. 이들은 정복이 아니라 신앙의 자유를 위해 도망 온 사람들이었습니다. 종교 탄압을 피해 영국을 떠나 네덜란드로 갔지만 그곳에서도 정착하지 못했습니다. 그렇다면 아메리카 대륙으로 갈 수밖에 없다고 생각하고 자유를 찾아 북아메리카로 향한 것입니다.

금은보화를 얻기 위해 찾아온 욕심투성이 스페인 정복자와 신앙의 자유를 찾아 북아메리카로 온 금욕적인 영국 신교도. 매우 대조적이죠. 그 결과가 어땠는지 흥미롭지 않나요? 경제적으로 성공한 쪽은 '금욕적'인 사람들이었습니다. 필그림 파더스에서 시작된 북아메리카는 이제 세계 최대의 경제 지대 중 하나입니다. 반면 라틴아메리카로 쳐들어간 스페인과 포르투갈은 경제 상태가 별로 좋지 않지요. 그런데 미국이 세계 제일의 경제 대국이 되는 과정에서 그림은 어떤 역할을 했을까요?

보스턴 시민들은 왜 밀레의 그림에 열광했을까?

콜럼버스가 아메리카 대륙에 상륙한 이후 유럽 경제를 보면 500년 사이에 남북의 역전 현상이 일어났음을 알 수 있습니다. 중세 때 풍요로웠던 이탈리아, 스페인, 포르투갈과 같은 남쪽의 가톨릭 국가들은 경제가 서서히 침체했던 반면 가난했던 북쪽의 네덜란드, 독일, 영국 등은 신장했지요.

이 결과를 종교와 관련지어 '경제적으로 성공한 신교 대 돈 못 버는 가톨릭'이라고 설명하는 사람도 있습니다. 어찌 보면 일리 있는 설명이에요. 신교도는 규율 바른 생활과 근면한 태도 덕분에 노동의 성과를 낼 수 있었으니 말입니다. 필그림 파더스 이후 그런 성실한 노동자들이 미국 동부 해안에 속속 상륙했습니다. 대표적인 지역이 보스턴입니다. 신교도가 많았던 이 지역 시민들은 밀레의 그림을 매우 좋아했던 것 같습니다. 오늘날에도 보스턴 미술관은 세계에서 가장 충실한 밀레 컬렉션으로 유명하지요. 밀레의 그림이 조국 프랑스가 아니라 보스턴에서 먹힌 이유, 그것이 핵심입니다. 보스턴 정착민들은 밀레의 농민화에서 이마에 땀 흘리며 일하는 자신들의 모습을 본 것이겠지요.

앞에서 밀레의 〈만종〉을 소개했습니다(133쪽). 기억나세요? 농부 부부가 조용히 기도를 올리고 있는 해 질 녘의 모습. 그 그림도 원래 보스턴에서 주문받은 것이었습니다. 밀레는 가톨릭교도였지만, 이탈리아식 종교화는 신교도들에게 먹히지 않는다는 것을 알았던 것입니다. 그래서 신교도들의 '니즈(needs)'를 반영해 〈만종〉 같은 종교화를 그릴 수 있었던 것입니다. 밀레는 의외로 마케팅 센스가 출중한 사람이었어요.

멀리 보스턴에서 주문받은 것까지는 좋았습니다. 그런데 〈만종〉이 완성되었을 때 문제가 생겼어요. 훌륭한 솜씨로 완성된 그림을 보스턴의 주문자가 인수하러 오지 않았습니다. 맥이 풀린 밀레는 이 그림을 1,000프랑의 헐값에 팔아버립니다. 미술 시장에 입성한 이 그림은 이래저래 가격이 상승했고, 미국 출신의 프랑스 백화점 사장이 그림을 구입했을 때는 80만 프랑의 그림이 되어 있었습니다. 이 그림은 루브르 미술관을 거쳐 지금은 오르세 미술관에 전시되어 있지요.

밀레 그림을 하나 더 소개하겠습니다. 〈키질하는 사람〉입니다. 이 그림은 뉴욕 교외의 한 저택 헛간에 잠들어 있다가 1972년에 발견되었다고 합니다. 뉴욕에서 발견된 것도 놀랍지만 헛간에 있었다는 게 더 대단합니다. 아마도 예술에 무지한 부잣집 도련님에게 상속되어 헛간 신세가 되어버린 것이겠죠. 그 후 경매에서 영국 정부에 낙찰되어 런던 내셔널갤러리에 전시되었습니다.

이 그림은 1848년 살롱에 출품되어 높은 평가를 받은 작품으로, 밀레 농민화의 근원입니다. 그런데 자세히 보면 은근슬쩍 프랑스 삼색기의 빨강, 하양, 파랑을 사용한 것을 알 수 있습니다. 밀레는 이렇게 주문자가 누구든 그 취향에 맞는 그림을 그리는 유연함을 가지고 있었습니다. 만년에는 누구보다 먼저 카메라로 자신의 작품을 찍어 프레젠테이션용 포트폴리오까지 만들었지요. 고집 센 농민 화가인 줄만 알았더니, 셀프 브랜딩에 능한 화가였네요!

물론 밀레 같은 화가는 드물었습니다. 화가들 중에는 고집

장 프랑수아 밀레, 〈키질하는 사람〉

1847~1848년경, 런던 내셔널갤러리 소장

센 괴짜가 많았던 것이 사실. 좋은 작품은 만들어도 장사는 형편없었지요. 그래서 화가들은 주로 미술상과 파트너십을 맺었습니다. 미술상들은 어떻게든 그림을 비싸게 사주는 고객을 찾았습니다. 그래서 그림들이 유럽에서 아메리카로 이동해간 것입니다.

화가와 미술상의 파트너십

화가와 미술상의 관계는 각양각색입니다. 미술상은 때로 화가의 대리인이자 스폰서이고, 친구이자 평론가이며 격려자이기도 합니다. 17세기 네덜란드에는 화가에게 자신의 공방에서 그림을 그리게 하고 월급을 주는 미술상도 있었습니다. 마치 고용주와 샐러리맨 같은 관계였지요.

네덜란드의 미술상 헨드리크 윌렌부르흐는 젊고 재능 있는 렘브란트를 고용해 다수의 초상화를 그리게 했습니다. 이 상인은 조카딸인 사스키아와 렘브란트를 결혼시켜 렘브란트를 구속하려 했습니다. 하지만 렘브란트가 '프리'를 선언하는 바람에 그의 계획은 빗나갔지요.

그랜드 투어 시대에도 영국 미술상들이 자국 고객에게 카날레토의 그림을 알선했습니다. 카날레토는 그림을 팔러 베네치아에서 영국까지 간 적이 있습니다. 일설에 따르면 미술상들이 너무 비싼 수수료를 부르는 데 불만을 느끼고 바가지를 피해 직접 그림을 팔러 갔다는 거예요.

미술상과 화가의 관계는 다양했지만, 나폴레옹 등장 후인 19세기부터 크게 변합니다. 이때부터 그림 구매자로서 부르주아 시민의 존재감이 커졌습니다. 지금으로 말하면 B to B에서 B to C로의 변화라고 할 수 있지요. 교회나 왕실, 귀족 같은 큰 고객에서 불특정 다수의 시민으로 고객이 바뀌면서 미술상들은 화가의 '브랜드 이미지'를 고민하게 됩니다.

그때는 신문 등의 보급을 통해 이미 말 많은 평론가가 있었습니다. 그들의 악평을 물리치고 화가의 평판을 지키기 위해서는 전략적인 홍보가 필요했습니다. 일사불란하게 그림을 계속 그려내는 화가들 사이에서, 미술상은 점점 사업가가 되어갔습니다.

미술상들은 어떻게 하면 그림의 판매가를 높일지 고민합니다. 이 분야에서 이것이 가장 중요한 점이라 할 수 있을 거예요. 공산품은 비용을 바탕으로 값을 정할 수 있지만 그림은 그렇지 않습니다. 아마추어 화가든 유명 화가든 그림을 그리는데 드는 비용은 크게 다르지 않습니다. 하지만 그림의 가치만큼은 매우 다르지요. 유명 화가가 그린 그림은 고객이 느끼는 가치가 높아서 비싼 값에 팔리는 것입니다.

그러나 가치는 어느 시대나 주관적이고 모호합니다. 바로 이 점이 미술상들이 솜씨를 발휘할 수 있는 지점입니다. 화가의 브랜드력을 어떻게 높일까, 어느 고객에게 팔아야 할까? 이

피에르 오귀스트 르누아르, 〈폴 뒤랑뤼엘의 초상〉
1910년, 개인 소장

런 고민 끝에 크게 성공한 사람이 프랑스의 미술상 폴 뒤랑뤼엘(Paul Durand-Ruel, 1831~1922)입니다. 르누아르가 그의 초상을 그리기도 했어요.

뒤랑뤼엘은 업계 최초로 신흥 시장을 개척했다고 평가할 수 있는 미술상입니다. 그 덕분에 인상파 회화가 미국에 퍼지게 되었으니까요. 지금도 미국 곳곳의 미술관에서는 인상파 화가들의 그림을 중요 전시물로 전시하고 있습니다. 뒤랑뤼엘의 공적은 단순히 그림을 많이 파는 상업적 성공에 그치지 않고, 화가를 지원하는 미술상으로서의 바람직한 본보기를 보여주었다는 점에 있습니다. 화가가 꿈을 좇는 이라면, 그것을 상업적으로 지탱하는 것이 미술상입니다. 꿈과 현실을 양립시키는 뒤랑뤼엘의 파트너십은 후일 미술상의 본보기가 되었습니다.

이 꿈과 현실의 양립은 비즈니스계에서도 통하는 이야기입니다. 이를 위한 마케팅이나 가격 설정, 파트너십 등에 대해 뒤랑뤼엘은 선구자로서 그 방법을 제시한 것입니다.

2

욕심과 기부 정신이 양립하는 미국의 불가사의

빨간 삼각형 맥주병 라벨에 숨겨진 영국의 힘

미국인들은 왜 인상파 그림을 좋아했을까요? 여러 이유를 생각할 수 있습니다. 이번에도 좀 돌아가지만, 마네 형님의 그림을 먼저 보지요.

마네가 만년에 그린 〈폴리 베르제르의 술집〉. 파리의 유명 사교장이었던 폴리 베르제르가 배경인 이 그림은 직원의 정면과 거울에 비친 뒷모습이 일치하지 않고, 원근법이 왜곡되어 당시 평론가들을 곤혹스럽게 만들었다고 합니다. 마네 본인은 모두 이론적 근거를 바탕으로 그렸다고 했는데, 일부러 허투루 그린 점이 참 마네스럽습니다. '허투루 그린 것 같지만 이론적'

에두아르 마네, 〈폴리 베르제르의 술집〉
1882년, 코톨드갤러리 소장

인 이 그림에 등장한 여종업원이 남성과 이야기를 나누는 뒷모습을 보면 창부인 듯 합니다. 이 또한 그림에 숨겨둔 시대의 앞면과 뒷면이지요.

앞쪽 카운터에 술병들이 진열되어 있어요. 그중에는 영국의 유명 브랜드 '바스(Bass)' 맥주병이 보입니다. 빨간 삼각형이 그려진 라벨이 붙어 있는 병이에요. 실은 이것이 1876년 1월 1일 영국 최초로 등록된 제1호 상표입니다. 영국은 이때부터 이미 지적소유권에 대한 법제화를 실행한 것입니다.

산업혁명 시기에 공업 기술이 눈부시게 발전했지만, 영국은 기술만으로 돈이 되지 않는다는 걸 알았습니다. 기술을 실용화하는 노하우가 필요하니까요. 그래서 발명이나 개발, 상표 같은 지적소유권을 일찍부터 인정했습니다. 같은 공업국이라도 독일 등에서는 장인 기술에 대한 강한 신봉 때문에 지적소유권 인정이 늦어졌지요.

기술 자체뿐 아니라 실용 노하우를 더한 시스템을 만들어야 돈을 벌 수 있음을 깨달은 영국은 유럽 대륙의 공업국 독일을 앞질렀습니다. 기술력은 독일이 앞섰지만, 돈 버는 능력은 영국이 한 수 위였던 것이지요. 근면한 신교도 기질에 돈 버는 능력까지! 이로써 영국은 세계 제일의 경제 대국으로 올라섰습니다.

앞서 살펴보았듯 영국은 자금 조달력 또한 뛰어났습니다. 전쟁을 계속하기 위해 국가가 빚도 잘 졌고, 또 국민에게 세금도 능숙하게 거뒀습니다. 무거운 세금이 문제가 되었던 프랑스와는 사뭇 다릅니다. 빚더미에 오른 프랑스 정부는 세금을 올려 국민의 분노를 샀지요? 그래서 프랑스혁명이 일어났고요. 영국은 그런 실수는 하지 않았습니다.

프랑스가 토지세 같은 직접세에 중점을 두었던 반면, 영국은 소비세 같은 간접세를 주 세금원으로 두었습니다. 나랏빚이 늘어날 때마다 소비세와 관세 등 간접세 징세를 강화했지요. 특히 시민들이 분노할 만한 생필품은 피하고 사치품의 세금을 중점적으로 올렸습니다. 사실 영국은 프랑스보다도 빚이 훨씬 많았지만, 영리한 자금 조달 방식으로 재정 파탄 없이 전쟁을 계속할 수 있었습니다.

미국의 부자들이 사랑한 인상파 그림

19세기 영국은 돈벌이에 강한 나라였습니다. 물건 만들기는 독일, 돈벌이는 영국! 문화 수준은 이탈리아나 프랑스가 앞서도 돈벌이는 영국! 이런 영국형 돈벌이 시스템은 미국에까지 계승되었습니다. 미국의 애플이나 구글, 페이스북 등은 기술력은 물론이고, 그것을 실용화하는 능력이 뛰어납니다. 필요한 권리는 확보하면서 단번에 보급해버리지요.

아무튼 그런 영국의 자금과 노하우가 미국으로 흘러 들어가며 양국의 거대한 '글로벌 돈벌이 프로젝트'가 시작됩니다.

그것은 바로 삼각무역입니다. 아프리카에서 노예를 데려와 미국 면화 농장에서 일하게 하고, 그들이 생산한 면화를 영국으로 가져와 가공했습니다. 이 거대하고 교묘한 돈벌이 수단이었던 흑인 노예 문제가 미국의 남북전쟁으로 이어졌지요. 그 후로도 지금까지 미국의 인종 차별은 오래된 문제가 되었습니다.

이 삼각무역 시대에 번성한 무역항 뉴올리언스에는 많은 상인이 일하고 있었습니다. 그중에서도 면화 상인들의 모습을 그린 그림이 있습니다. 에드가 드가(Edgar De Gas, 1834~1917)의 〈뉴올리언스의 면화거래소〉는 재배한 면화를 거래하는 사무실의 모습을 담고 있습니다.

뉴올리언스는 원래 프랑스의 식민지로, 그 이름도 루이 15세의 섭정 오를레앙공 필리프 2세의 이름에서 유래했습니다. 19세기 초 나폴레옹은 이 땅을 포함한 루이지애나 일대를 미국에 헐값에 매각해버렸습니다. 여느 때처럼 돈이 궁했기 때문이지요. 미국은 '이 넓은 땅이 이렇게 싼값에 손에 들어오다니!' 하고 미친 듯 기뻐했습니다. 나폴레옹은 전쟁은 잘했지만 장사는 서툴렀네요. 이 역사상 최대의 부동산 거래로 미국 영토는 두 배나 넓어졌습니다.

〈뉴올리언스의 면화거래소〉를 그린 드가는 실제로 뉴올리언스를 방문한 적이 있었습니다. 인상파 화가로서는 매우 드문 일이었어요. 유명 인상파 화가 대부분은 미국에 가지 않았습니

에드가 드가, 〈뉴올리언스의 면화거래소〉

1873년, 파리 포 미술관 소장

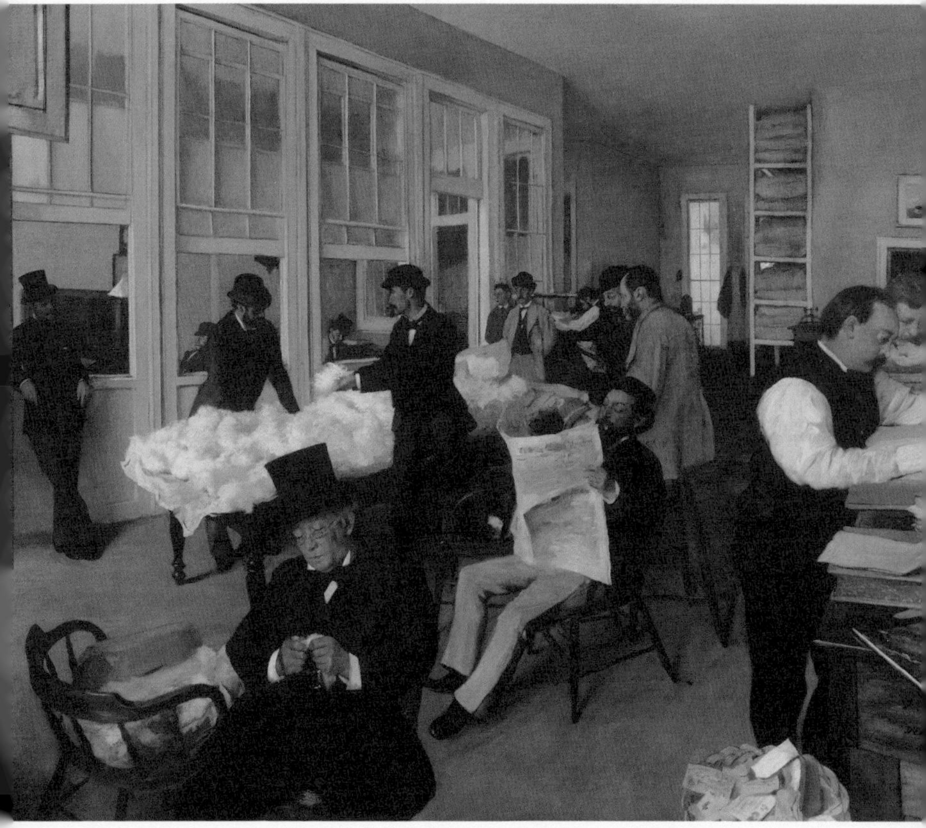

다. 게다가 미국에 가려는 드가를 비웃기도 했다는군요. 권위에 맞서던 반항아들도 제집에서만 큰소리치던 사람들이었네요. 하지만 다들 이탈리아에는 다녀왔으니 미국을 깔본 거겠지요. 음식도 맛없고 이상한 음악이나 듣는 놈들이 우리 그림을 이해할 수 있겠냐고. 그런 분위기 속에서 드가는 왜 미국에 갔을까요? 그의 집안 사람들이 미국으로 이주해 있었기 때문입니다. 그림의 배경인 면화거래소도 삼촌이 경영하던 곳이었지요. 개성 있는 인상파 중에서도 튀는 경향이 있었던 드가, 외국물 좀 먹은 화가였군요.

이렇게 인상파들이 경멸하던 나라에 당당히 인상파 그림을 팔기 시작한 것이 뒤랑뤼엘입니다. 밀레의 그림 등을 취급하고 있던 아버지의 뒤를 이어 미술상이 된 뒤랑뤼엘은 아직 빛을 보지 못한 인상파 그림들을 런던과 뉴욕으로 가져가 신흥 시장에 뛰어들었습니다.

19세기 후반 미국에서는 철도, 철강, 건설 등의 분야에서 막대한 부가 창출되었습니다. 그런데 그런 미국인들에게 씻을 수 없는 열등감이 있었지요. 미국인들은 이탈리아가 아닌 프랑스 문화를 동경했습니다. 그래서 뒤랑뤼엘이 가져온 인상파 그림은 미국인들에게 엄청나게 매력적이었습니다.

유럽 부자들은 르네상스나 바로크 회화를 선호했는데, 그와 달리 미국 부자들은 위작이 적다는 이유로 인상파 회화를 선호했습니다. 이는 그림을 구매하는 초보자에게 매우 중요합니다.

미국으로 들여오는 고전 작품들은 위작이 많아서 잘못하면 경제적 손실뿐 아니라 정신적 피해를 입을 수 있었습니다. '역시 저 사람은 그림을 잘 몰라' 같은 조롱은 자존심 강한 사람은 견디기 힘든 법이지요. 그런데 역사가 오래되지 않은 인상파 그림은 그려지고 나서의 이력과 유통 경로가 명확해서 창피를 당할 염려 없이 구매할 수 있었습니다.

그리고 밀레의 〈만종〉에서도 설명했듯이 종교적인 취향도 있었지요. 미국인은 종교색이 강한 그림보다 상쾌하고 빛이 가득한 풍경화나 부드러운 터치의 인물화를 선호했습니다. 미국 부자들이 집에 손님들을 초대해 베푸는 저녁 만찬에 어울리는 것은 〈최후의 만찬〉보다 인상파 그림이었던 것입니다.

물욕과 기부 정신에서 탄생한 미국의 미술관

유럽에서 이민 온 상인들은 보스턴 동쪽에서 장사를 시작했습니다. 이윽고 뉴욕에 금융업과 석유산업 종사자들이 모여들었다가, 그 후 루이지애나를 향해 서쪽으로 이동했습니다. 상인들이 이동하는 데 철도가 한몫했습니다. 미국의 초기 경제 발전은 철도 건설의 확대와 함께 이루어졌습니다. 철도 건설 초기에 그 절정은 대륙횡단철도의 개통이라 할 수 있습니다.

한편 미국 동부의 유력 회사였던 펜실베이니아 철도회사는 뉴욕에서 워싱턴 D.C., 시카고 부근 일대를 커버하는 대기업으

토머스 힐, 〈마지막 스파이크 1869〉
1869년, 캘리포니아 주립철도박물관재단 소장

로 성장했습니다. 이 회사 하나가 연방 예산에 맞먹는 막대한 돈을 움직이던 시기도 있었지요. 이 회사에서 철도로 경영을 배워 나중에 철강회사를 설립한 사람이 앤드루 카네기입니다. 철도 확장으로 튼튼한 철교가 필요해지리라 생각한 카네기는 교량 건설 회사를 설립했습니다. 그 후 제철업까지 사업을 확장해 '강철왕'이라는 별명을 얻습니다.

펜실베이니아 철도회사의 사장을 지낸 알렉산더 카사트의 여동생 메리 카사트(Mary Cassatt, 1845~1926)는 유럽에서 미국으로 인상파 회화 등을 실어나르는 문화의 가교 역할을 했습니다. 부유한 미국인 집안에서 태어난 메리는 프랑스에 대한 동경과 화가가 되고 싶은 마음에 홀로 파리로 건너갑니다. 당시 여성이 그림을 배우러 유학 가는 것은 매우 엉뚱한 행동이었지요. 하지만 꿈을 포기하지 않고 용기를 내어 파리에 온 메리, 우연히 한 장의 그림에 눈을 빼앗기고 말았습니다. 그것은 드가의 그림이었습니다.

드가의 제자가 된 메리는 인상파 화가로 활약합니다. 뒤랑뤼엘과도 친분을 쌓은 메리는 귀국 후에 부호인 지인들에게 인상파 그림을 사라고 권유했습니다. 여성들의 입소문만큼 대단한 것이 있을까요. 메리의 권유에 많은 사람이 인상파 그림을 구매했습니다. 그리고 그 그림들이 기증되어 뉴욕의 메트로폴리탄 미술관 등 미국 미술관 설립의 초석이 되었습니다. 미국의 미술관은 이렇게 시민들의 미술품 기증으로 세워졌다는 것이 특징입니다.

영국을 떠나 미국으로 온 금욕적인 신앙심에다 미국 땅에서 갈고닦은 비즈니스 솜씨가 더해져 미국은 단기간에 유럽을 능가하는 경제 대국을 향해 달려갔습니다. 하지만 화려한 성공 후에 문득 멈추게 되는 순간이 있지요. 이래도 되는 걸까 하고요. 마음속에 싹트는 죄책감, 공허함을 채우기 위한 행동일지 모르겠습니다. 미국인들은 기부와 자원봉사에 매우 적극적입니다. 만년의 스탠퍼드는 자신의 이름을 딴 대학을 설립했고, 앤드루 카네기는 예술가들을 위한 카네기 홀을 만들었습니다. 석유왕 록펠러도 시카고 대학을 세웠고, 미국 서해안의 석유 사업가 폴 게티도 로스앤젤레스에 자신의 이름을 붙인 훌륭한 미술관을 열었습니다. 그림을 구매한 많은 부호가 그랬습니다. 자신의 컬렉션을 '공공재'로서 미술관에 기증했지요. 물욕과 기부 정신이 공존한다니 미국은 참 이상한 나라입니다. 하지만 둘 다 갖춰져야 비로소 사람은 진심으로 웃을 수 있는 건지도 모르겠네요.

그림과 철도에 얽힌 이야기가 하나 더 있습니다. 그림은 영국에서 미국에 이르러 점점 더 금융재로서의 성질을 갖게 됩니다. 미술상이나 구매자 중에는 그것을 눈치채고 그림에 대한 투자를 생각하는 사람들이 생겨났지요. 20세기 말 영국 국영철도 연금기금은 주식 시장의 침체에 시달리다 운용 자산 일부를 미술품에 투자했습니다. 그 결과는 성공이었는데, 미술품

중 가격이 가장 많이 오른 것은 인상파 그림으로 투자 금액의 몇 배나 되었다고 합니다.

3

그림을 보는 것과 시야를 넓히는 것

거품 경제의 붕괴, 모르는 새에 당한 일본인

투어도 슬슬 끝나가네요. 여기까지 읽은 분들은 느꼈을지 모르겠지만 저는 그림을 보는 의미는 '시야를 넓히는 것'에 있다고 생각합니다. 회화는 여러 예술 중에서도 응축도가 높습니다. 가로세로 2차원 평면 캔버스에 정보가 가득 담겨 있으니까요. 그렇기 때문에 한 장의 그림에서 주문자가 의뢰한 이유, 그림을 그린 화가의 생각, 중개 미술상이 원하던 생각 등을 읽어내기가 어렵습니다.

게다가 미술관에 그림을 보러 가면 인파에 밀려 힐끔 보는 것으로 끝나기가 일쑤지요. 그림 하나를 지긋하게 맛볼 기회가 많지 않습니다. 어떤 그림이든 그 배경에 숨은 이야기가 있습니다. 그 이야기에 귀를 기울이면 그림 감상이 매우 즐거워지지요.

제 직업은 회계사입니다. 회계라는 일은 예산이나 결산이나 그때그때 처리해야 하는 일이라서 넓은 시야로 사물을 보거나 생각할 기회가 적습니다. 있다 해도 기껏해야 3년 정도 중기 경영 계획을 세우는 일이랄까요. 이러면 인생이 너무 허전하잖아요. 그러던 중 그림을 보다가 미술품 거래에 대한 이야기를 듣고 깜짝 놀랐습니다. 그림의 세계는 시간의 축은 물론 시야의 폭이 전혀 다르더라고요.

유럽 미술관을 순례할 때 들은 이야기인데, 유럽의 한 민완한 미술상이 거품 경제 시기에 일본 기업에 인상파 그림을 다수 판매했다고 합니다. 그 무렵 일본 기업은 재테크를 한다며 미술품에 투자하고 있었거든요. 그런데 거품 경제가 무너지자 가지고 있던 그림들을 어쩔 수 없이 헐값에 매각했습니다. 이것은 일본 쪽에서 보는 시각입니다. 반대편에서 보면 이야기가 달라지지요.

그 미술상은 일본 경제와 일본 기업의 실적이 곧 하락할 것을 예상하고 그림을 팔았다고 합니다. 마케팅은 말할 것도 없이 경제와 회계까지 훤히 꿰고는 일본 기업이 끝까지 그림을 소유하지 못하고 포기할 것을 내다보고 그림을 판 것입니다. 거품 경제를 예측한 것이지요. 그리고 그 미술상은 몰래 여러

경로를 거쳐 싼값에 다시 그림을 매입했다고 합니다.

이것이 사실이라면 그 일본 기업은 완전히 당한 거예요. 이 이야기를 듣고 소름이 끼쳤습니다. 아, 나는 지금까지 얼마나 좁은 세계에 살고 있었나 하고요. 정보로 돈을 번다는 게 이런 거구나 하고 머리를 한 대 얻어맞은 기분도 들었습니다. 미술의 세계에는 그림을 보는 즐거움뿐 아니라 이런 넓은 시야를 자극하는 이야기가 널려 있습니다.

최근 경매 회사 크리스티와 소더비의 경매가 한창입니다. 원래 영국에서 출발한 두 회사는 이제 뉴욕을 무대로 엄청난 연출 효과로 경매의 흥을 돋우고 있습니다. 몇 년 전 파블로 피카소의 〈알제의 여인들〉이라는 그림이 1억 7,936만 5,000달러(한화 약 1,968억 원)에 낙찰되었다고 크게 보도되었습니다. 그런데 제 개인적인 생각으로는 이 금액을 정말 그림의 가격이라 해도 좋을지 의문입니다. 바람잡이가 있다면 얼마든 가격을 올릴 수 있으니까요. 영국의 그래피티 아티스트 뱅크시(Banksy)의 작품 역시 떠도는 설처럼 실존하는 화가가 그린 것이 아니라 경매 회사가 짜고 만든 것일지도……. 돈을 벌 수 있는 시스템을 만드는 데 능숙한 사람들이라면 그 정도는 할 수 있을지도 모르지요.

이런, 망상은 여기까지! 하지만 이런 상상력을 발휘할 수 있게 하는 점이 그림의 매력이 아닐까요?

시간 축을 벗어나 역사를 크게 볼 수 있는 것이 그림 감상의 매력이라면, 반대편의 시선에서 볼 수 있다는 것은 그림이 지닌 매우 훌륭한 점입니다. 예를 들어볼까요. 지난 2017년 대통령이 미국과 멕시코 국경에 장벽을 세우라고 명령했던 미국, 그 반대편에서 보면 어떤 모습이었을까요?

유명한 미국 디트로이트 미술관의 안뜰 리베라 코트에 멕시코 화가 디에고 리베라(Diego Rivera, 1886~1957)가 그린 벽화 〈디트로이트 산업〉이 있습니다. 20세기 자동차 산업으로 미국을 대표하는 공업 도시가 된 디트로이트. 디에고 리베라는 그런 디트로이트의 공장 풍경을 거대한 벽에 그려 넣었습니다.

그림에는 기계들 속에 섞여 일하는 노동자들의 모습이 있습니다. 하지만 이 그림이 그려진 1930년대 초반 미국 경제는 대공황 직후의 심각한 불황 속에 있었습니다. 자동차공장에서는 많은 노동자가 해고되었고, 거리는 일자리를 잃은 사람들로 넘쳐났습니다. 그래서 리베라가 그린 이 그림은 옛날을 그리워하며 그린 픽션이었던 것이지요. 그리고 또 하나, 그림에는 백인과 흑인이 함께 일하고 있지만 이것도 사실이 아니었습니다. 당시 자동차공장에서 기계로 작업한 것은 백인이었고, 흑인은 청소 같은 더럽고 위험한 일밖에 할 수 없었습니다. 그런데 리베라는 흑백 구분 없이 모두 함께 일하는 공장의 모습을 그렸습니다.

디에고 리베라, 〈디트로이트 산업〉
1932~1933년, 디트로이트 미술관

그런데 주목하고 싶은 점은 그림의 내용이 아니라 미국 미술관의 벽화를 왜 멕시코인 화가가 그렸냐는 것입니다. 디에고 리베라는 멕시코에서 태어나 젊은 시절부터 화가로 활동했습니다. 일찍이 재능을 인정받아 프랑스로 국비 유학을 하기도 했지요. 파리의 몽파르나스에서 피카소와 모딜리아니 등을 만나 교류했다고도 하네요. 이때 모딜리아니는 친구가 된 디에고 리베라의 초상화를 남깁니다.

파리에서 살기 시작한 디에고 리베라는 세잔의 그림을 보고 충격을 받아 피카소의 밑으로 들어가 그림을 배웠고, 모딜리아니가 초상화를 그릴 정도로 동료들과의 관계가 좋았습니다. 하지만 멕시코인인 그에게 파리는 그리 살기 좋은 곳이 아니었습니다. '멕시코 놈'이라는 욕설을 퍼부은 보수적인 평론가들에게 리베라는 주먹다짐으로 응수했고, 이후 그는 파리의 화단에서 사라지게 됩니다.

벽화로 멕시코의 아이덴티티를 되찾다

이 사건 이후 리베라는 서양 회화에 대한 동경을 버리고 자신은 멕시코인이라는 자부심을 화폭에 담기 시작했습니다. 그런 그에게 멕시코 혁명 후 탄생한 신정부가 그림을 의뢰합니다. 공공장소에 벽화를 그려달라는 것이었지요.

멕시코에는 '말린치스모(malinchismo)'라는 말이 있습니다.

아메데오 모딜리아니, 〈디에고 리베라의 초상〉
1914년, 상파울로 미술관 소장

배신이라는 의미입니다(자세하게는 외국 문화가 더 가치 있고 우월하다고 생각하는 사람들을 경멸하는 표현이다—옮긴이). 스페인 정복자 코르테스가 멕시코에 왔을 때 통역을 하며 그를 도운 여성 말린체(Malinche)의 이름에서 유래했다고 합니다. 불쌍한 그녀는 코르테스에게 이용당했을 뿐입니다만. 찬란한 아즈텍 문명이 스페인에 정복당해 오랜 식민지 시기를 보낸 멕시코. 말린체가 그 분노의 대상이 되어버린 것이지요.

멕시코인들의 굴욕과 분노는 그것으로 끝나지 않았습니다. 겨우 스페인에게서 독립할 수 있나 했더니 이번에는 북쪽에서 미국인들이 국경을 넘어 '불법 침입'을 해왔습니다. 이를 둘러싸고 미국과 전쟁을 벌인 끝에 지금의 텍사스 땅을 미국에 빼앗겼습니다.

분쟁 끝에 생긴 미국과 멕시코의 전체 길이 3,145km 국경선은 멕시코에는 굴욕의 산물입니다. 스페인과 미국에 분노한 멕시코 정부는 아즈텍 문명과 긴 침략의 역사를 국민에게 올바르게 전하고자 했습니다. '현재를 넘어 더 넓은 시야로 우리의 긍지와 역사를 보자!' 그들은 굴욕의 역사를 덮기보다는 정면으로 마주했습니다. 그리고 그 어두운 역사를 옛 영광과 함께 드러내기로 한 것이지요.

그것을 실현하는 수단이 벽화였습니다. 캔버스에 그린 그림은 누군가의 소유물이 될 것이었습니다. 소수가 아니라 국민 모두가 볼 수 있도록 벽화는 시청과 학교, 도서관 등 공공시

디에고 리베라, 〈멕시코 역사〉
1929~1935년, 멕시코 국립궁전

설의 벽에 그려졌습니다. 그리고 이를 그리는 데는 프랑스인을 주먹으로 날려버린 사나이 디에고 리베라만 한 적임자가 없었지요. 이렇게 그는 멕시코인의 정체성을 부활시키기 위해 많은 벽에 역사화를 그리게 된 것입니다.

이 '멕시칸 르네상스' 벽화 운동의 화가로 유명해진 리베라는 뉴욕에 초대되어 록펠러센터에도 벽화를 그리게 되었습니다. 그러나 거기에 레닌의 얼굴을 그려 넣어 소동이 일어났지요. 미국인을 때리지는 않았지만, 결국 벽화 작업은 취소됩니다. 그러니 디트로이트 미술관 벽화는 끝까지 무사히 완성한 아주 귀중한 작품입니다.

이 멕시칸 파이터 리베라는 40세가 넘어 미모의 멕시코 여성과 결혼했습니다. 상대는 바로 프리다 칼로(Frida Kahlo, 1907~1954)입니다. 두 사람의 결혼은 20년 나이 차, 그리고 무엇보다 미녀와 야수 커플의 탄생이라는 점에서 세상을 놀라게 했습니다. 프리다는 리베라의 제자였는데, 지금은 리베라보다 더 유명할지 모르겠네요.

프리다의 〈멕시코와 미국의 국경에 선 자화상〉에는 멕시코와 미국 두 나라의 역사가 그려져 있습니다. 신전이 파괴된 멕시코와 공장과 빌딩이 늘어선 미국. 거기에는 리베라에서 이어지는 역사의 명암을 대비하는 묘사가 있습니다.

프리다 본인의 인생도 명암으로 가득했습니다. 학창 시절 교통사고로 수차례 대수술을 받은 그녀는 그 고통에 맞서며,

프리다 칼로, 〈멕시코와 미국의 국경에 선 자화상〉

1932년, 개인 소장

또 걸핏하면 싸우고 바람을 피우는 남편에게 시달리며 수많은 명화를 남겼습니다. 그런 프리다의 삶과 그림은 지금도 많은 이에게 용기를 주며 지지받고 있지요.

이 부부의 이야기는 여기까지 하고……. 혹시 미국에 가게 되면 꼭 이웃 나라 멕시코에도 가보세요. 마을의 가정집과 건물에 그려진 벽화들도 어느 유명 화가의 그림 못지않게 훌륭하답니다. 물론 리베라의 벽화나 프리다의 그림도 볼 수 있습니다. 볼거리도 많고 음식도 맛있는 곳이지요. 무엇보다 사람들이 매우 친절합니다. 모두 웃는 모습이 잘 어울리는 사람들이에요. 멕시코를 갔다가 미국으로 넘어가면 '다들 까칠한 얼굴을 하고 있군' 하는 생각이 절로 듭니다.

앞에서 언급했던, 멕시코와 미국 사이에 장벽을 세우겠다고 한 미국 대통령 말입니다. 멕시코 사람들은 코웃음을 치더군요. 장벽이 세워지면 멕시코 쪽 사람들은 벽화를 그리지 않을까요? 3,000km가 넘는 벽화, 완성되면 꼭 보러 가고 싶네요!

Thank you.

명화로 보는 세계 경제사 투어가 끝났습니다.
7개의 전시실에서 만난 이야기들을
잊지 않고 꼭 챙겨가시길 바랍니다.
여러분과 다시 만날 수 있길 기대합니다.
고맙습니다!

에필로그

시공을 초월한 용기의 바통

이탈리아나 프랑스 근처에서 자주 발견되는 동굴, 그 안에서 수만 년 전에 그려진 벽화가 발견되곤 합니다. 문자가 없던 선사시대에 그려진 것입니다. 소, 말, 새 등을 비롯해 별과 태양……. 수만 년 전 인간들은 무슨 생각을 하며 이 그림들을 그렸을까요? 어쩌면 자연에 대한 감사였을지도 모릅니다. 여태까지 살아온 것에 대한 감사, 오늘의 무사함을 고마워하는 기도, 그리고 부디 앞으로도 건강하게 살 수 있기를, 내일도 행복하기를 기원하는 기도였을 거예요.

그리고 시간이 지나 인간들은 예수 그리스도에게 기도를 드립니다. 더 시간이 지나면 기도는 하나님이 아닌 다른 곳을 향하기도 했습니다. 예를 들면 돈이 잘 벌리길 바라는 기도 같은.

하지만 이 기도들은 모두 내일의 행복을 위한 것이었지요.

수만 년의 세월이 흘러 다시 벽화가 아즈텍 문명의 땅에 모습을 드러냈습니다. 영광과 굴욕의 역사를 넘어 자신들의 긍지를 되찾기 위해서였습니다. 그런 벽화 운동에 공감한 전 세계 예술가들이 멕시코를 찾았습니다. 보는 이 모두에게 용기와 행복을 주는 그림, 그것이야말로 진정한 르네상스(=재생)일 것입니다.

전쟁, 침략, 가난, 질병……. 수만 년 동안 얼마나 많은 불행이 있었을까요? 이루 다 헤아릴 수 없는 눈물과 고뇌가 있었을 테지요. 하지만 그때마다 인간들은 극복했지요.

이 책에서 소개한 화가들 웃음소리가 들리는 듯합니다. "흔한 일들이야" 하는 말과 함께. 새로운 환경에 대한 두려움, 경제적 불안 그리고 영혼의 고독까지. 자, 우리는 어떻게 헤쳐나가야 할까요? 이제 우리가 다음 세대에 용기의 바통을 넘겨줄 차례입니다.

참고문헌

프롤로그·전체

- 《黒死病 ペストの中世史》, ジョン·ケリー著, 野中邦子訳, 中央文庫.
- 《世界史を変えた13の病》, ジェニファー·ライト著, 鈴木涼子訳, 原書房.
- 《交易の世界史（上·下）》, ウィリアム·バーンスタイン·鬼澤忍訳, ちくま学芸文庫.
- 《数量化革命》, アルフレッド·W·クロスビー著, 小沢千重子訳, 紀伊國屋書店.
- 《新たなルネサンス時代をどう生きるか》, イアン·ゴールディン他著, 桐谷知未訳, 国書刊行会.
- 《プロテスタンティズムの倫理と資本主義の精神》, マックス·ヴェーバー著, 大塚久雄訳, 岩波文庫.
- 《サザビーズで朝食を》, フィリップ·フック著, 中山ゆかり訳, フィルムアート社.
- 《ならず者たちのギャラリー》, フィリップ·フック著, 中山ゆかり訳, フィルムアート社.

ROOM 1 흑사병과 불황을 극복한 이탈리아

- 《中世シチリア王国》, 高山博著, 講談社現代新書.
- 《Pen Books ルネサンスとは何か。》, ペン編集部編, 池上英洋監修, 阪急コミュニケーションズ.
- 《受胎告知》, 高階秀爾著, ＰＨＰ新書.
- 《メディチ·マネー》, ティム·パークス著, 北代美和子訳, 白水社.
- 《神からの借財人コジモ·デ·メディチ》, 西藤洋著, 法政大学出版局.
- 《パトロンたちのルネサンス》, 松本典昭著, 日本放送出版協会.
- 《ルネサンス夜話》, 高階秀爾著, 平凡社.

ROOM 2 가난을 완강히 거부한 플랑드르

- 《ファン·エイク　アルノルフィーニ夫妻の肖像》, ステファノ·ズッフィ著, 千速敏男訳, 西村書店.
- 《ヨーロッパ中世ものづくし》, キアーラ·フルゴーニ著, 高橋友子訳, 岩波書店.
- 《ブリューゲルの世界》, 森洋子著, 新潮社.
- 《ブリューゲルへの招待》, 朝日新聞出版編, 朝日新聞出版.
- 《ネーデルラント美術の精華》, 今井澄子他著, ありな書房.

ROOM 3 증오를 금융 파워로 바꾼 네덜란드

- 《オランダ小史》, ペーター·J·リートベルゲン著、肥塚隆訳, かまくら春秋社.
- 《オラニエ公ウィレム》, C·ヴェロニカ·ウェッジウッド著, 瀬原義生訳, 文理閣.
- 《最初の近代経済》, J·ド·フリース他著, 大西吉之他訳, 名古屋大学出版会.
- 《レンブラント工房》, 尾崎彰宏著, 講談社選書メチエ.
- 《レンブラント》, パスカル·ボナフー著, 高階秀爾監修, 村上尚子訳, 創元社.
- 《ルーベンスが見たヨーロッパ》, 岩渕潤子著, ちくまライブラリー.

ROOM 4 혼란 속에서 브랜드를 만들어낸 프랑스

- 《フランス絵画史》, 高階秀爾著, 講談社学術文庫.
- 《フランス史》, ギヨーム·ド·ベルティエ·ド·ソヴィニー著, 鹿島茂監訳, 楠瀬正浩訳, 談社選書メチエ.
- 《フランス革命史》, 竹中幸史著, 河出書房新社.
- 《セレブの誕生》, アントワーヌ·リルティ著, 松村博史他訳, 名古屋大学出版会.
- 《ルーブル美術館の歴史》, ジュヌヴィエーヴ·ブレスク著, 高階秀爾監修, 遠藤ゆかり訳, 創元社.
- 《「農民画家」ミレーの真実》, 井出洋一郎著, ＮＨＫ出版新書.
- 《ミレーの名画はなぜこんなに面白いのか》, 井出洋一郎著, ＫＡＤＯＫＡＷＡ / 中経出版.

ROOM 5 반항으로 새로운 시장을 개척한 프랑스

- 《性病の世界史》, ビルギット·アダム著, 瀬野文教訳, 草思社.
- 《エドゥアール·マネ》, 三浦篤著, 角川選書.
- 《印象派の歴史（上·下）》, ジョン·リウォルド著, 三浦篤他訳, 角川ソフィア文庫.
- 《印象派という革命》, 木村泰司著, ちくま文庫
- 《誰も知らない印象派 娼婦の美術史》, 山田登世子著, 左右社.
- 《印象派はこうして世界を征服した》, フィリップ·フック著, 中山ゆかり訳, 白水社.

ROOM 6 기술혁신의 불안을 극복한 영국

- 《カナレット》, クリストファー·ベイカー著, 越川倫明他訳, 西村書店.
- 《グランドツアー》, 岡田温司著, 岩波新書.
- 《グランド·ツアー》, 本城靖久著, 中公文庫.
- 《美術品はなぜ盗まれるのか》, サンディ·ネアン著, 中山ゆかり訳, 白水社.
- 《産業革命と民衆》, 角山栄他著, 河出書房新社.
- 《文化財の併合》, 服部春彦著, 知泉書館.

ROOM 7 금욕과 탐욕에서 이익을 낳은 미국

- 《アメリカの本当のはじまり》, 國生一彦著, 八千代出版.
- 《洋酒入門》, 吉田芳二郎著, 保育社.
- 《ドガ》, アンリ·ロワレット著, 千足伸行監修, 遠藤ゆかり訳, 創元社.
- 《メキシコの美の巨星たち》, 野谷文昭編著, 東京堂出版.
- 《ディエゴ·リベラの生涯と壁絵》, 加藤薫著, 岩波書店.
- 《米墨戦争前夜のアラモ砦事件とテキサス分離独立》, 牛島万著, 明石書店.
- 《フリーダ·カーロ》, 堀尾真紀子著, 中公文庫.

명화로 배우는 세계 경제사

경제가 보이는 미술관에 어서오세요

1판 1쇄 발행일 2021년 7월 12일

지은이 다나카 야스히로
옮긴이 최인영

발행인 김학원
발행처 (주)휴머니스트 출판그룹
출판등록 제313-2007-000007호(2007년 1월 5일)
주소 (03991) 서울시 마포구 동교로23길 76(연남동)
전화 02-335-4422 **팩스** 02-334-3427
저자·독자 서비스 humanist@humanistbooks.com
홈페이지 www.humanistbooks.com
유튜브 youtube.com/user/humanistma **포스트** post.naver.com/hmcv
페이스북 facebook.com/hmcv2001 **인스타그램** @humanist_insta

편집주간 황서현 **편집** 최인영 강창훈 이영란 **디자인** 박진영
조판 홍영사 **용지** 화인페이퍼 **인쇄** 청아디앤피 **제본** 정민문화사

ISBN 979-11-6080-662-5 03900